個別支援計画のイメージ「コマモデル」

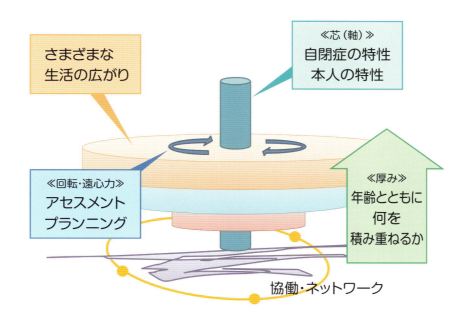

● 自閉症の特性・本人の特性を軸にしています ●

自閉症の特性を軸とした生活全般のデザインの描き方について紹介しています。【詳細は12頁】

● 新アセスメント・プランニングについて解説します ●

自閉症の特性や本人の認知の特性のアセスメントの設定などについて整理しています。
本書では新たに、機能的スキルを通してのアセスメントなども紹介しています。【詳細は15頁】

● 年齢や支援領域にあわせた課題設定

**幼児期
学齢前期**

基礎的な
内容を中心
とした
課題設定

【詳細は38～44頁】

プットイン

色の分類

大・小の分類

粘土の型抜き

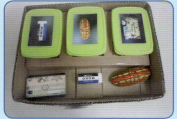
容器に道具を入れる

要求を伝える

**学齢後期
移行期**

機能的な
内容を中心
とした
課題設定

【詳細は52～55頁】

良品と不良品

ソケットの分解

材料のピッキング作業

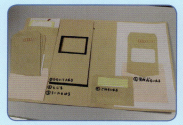
封筒にラベルを貼る

コーヒーメーカーの活用

立ち作業（仕分け）

● 学習をより自立的にするための支援 【詳細は75～79頁】

1対1の場面で教える

刺激を統制する

課題の整理統合

● シンプルな個別支援計画をめざして！

本書で紹介する支援計画は「どんな支援が必要か」と「何が課題か（何を教えるか）」の2つにまとめています。本人が学習や活動をより自立的に進めるために「どんな支援が必要か？」という視点と、本人の現在と将来がより豊かな生活になるために「本人に何を課題とし、教えるか」という視点です。（詳細は25～37頁）

個別支援計画はシンプル

支援・工夫つきで教える

どんな支援・工夫が必要か ⇄ 何が課題になるのか

自立したスキルは活用する

支援の目的は本人の現在と将来の自立。より自立的に学習し、活動するために環境設定や視覚的な支援などの設定の計画が必要

課題や活動のアセスメントによって、もう少しでできそうなものを課題にする

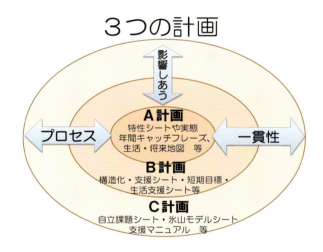

3つの計画

影響しあう ← プロセス ― 一貫性 →

- **A計画**：特性や実態、年間キャッチフレーズ、生活・将来地図 等
- **B計画**：構造化・支援シート・短期目標・生活支援シート等
- **C計画**：自立課題シート・氷山モデルシート 支援マニュアル 等

■ **A計画（軸になる計画）**
　長期的な計画：全般の計画の基本となる計画であり、どの計画の時も念頭において意識する（特性シート、生活デザインシート）

■ **B計画（生活の基本となる計画）**
　中期的な計画：生活の基本となる計画であり、活動・課題はこれにより進める（構造化・支援シート、生活支援シート、短期目標シート）

■ **C計画（活動や課題の具体的な計画）**
　短期的な計画：日常の活動や課題の具体的な計画である（自立課題シート、氷山モデルシート、行動支援シート）

環境設定、スケジュールなどの視覚的な支援の計画はB計画

自立支援や行動支援などの具体的な支援はC計画

● 就労支援はプロセスが重要 【詳細は79〜85頁】

学校・事業所等でのトレーニングと応用的な現場実習のトレーニング

シミュレーションされた場面で抽出的なトレーニング　　学んだスキルを現場実習で

● 余暇や遊びは仕事のようにわかりやすく 【詳細は71〜72頁】

曖昧でわかりにくい余暇を具体的にわかりやすく

明瞭化されたサーキット　　ボーリングゲーム　　材料がなくなったら終わり

● 健康管理や通院などの支援は具体化が大切 【詳細は102〜103頁】

エクササイズも見通しをもって　　通院や診察はスモールステップで

● 自己認知・周辺認知の支援は事例を通して 【詳細は121〜127頁】

自分のこと、周囲のことを整理する支援

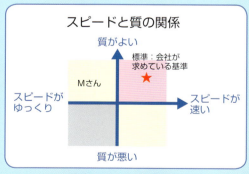 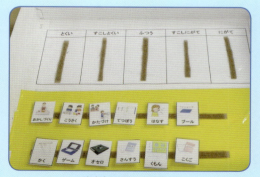

曖昧なことは視覚的に　　事例を通して学ぶ

発刊によせて

　個別支援計画とは、個々の特性にあわせて行う、障害をもつ子どもや大人の療育や生活の支援には欠かせないもの。しかし、今、現場で多くの人たちが、まともなものを書けずにいる。書こうとするのだが、「なにから始めて」「どこを見れば」、そして「なにを継続すればよいのか」がわからずに、立ち往生していることが多い。

　個別支援計画を書くには、その計画の根拠となる有用な情報が必要になる。しかし、白紙に一人ひとりの様子を書き出しても、どの内容が有用な情報なのかはわからず、その情報を活用し、プランニングにつなげることが難しい。自閉症の人が自閉症のままで、より豊かで質の高い生活を自立してできるようにするためには、生活において、一つひとつの活動を具体化する必要がある。その活動は本人にとってどんな意味があるのか？　好きなのか？　一人でできるのか？　できないとしたらどんな支援が必要なのか？　などの個々のアセスメント、課題や支援の設定、そして継続的に実施と再評価を重ねていくプロセスが重要である。大事なのはそれを進めるためのシステムやフォーマット。

　本書は、その導きをしてくれるガイドとなる。かつて、「横浜やまびこの里」で私が行った「個別プログラムに基づいた支援」は、情報を集め、整理統合して支援の計画をし、実施をして再評価するという仕組みであり、それによって地域生活の幅が広がっていった。本書の筆者は、「実態から発展的に計画をたてる」「計画に優先順位をつける」という個別プログラムの視点を変えずに、現場での仕事に活用し続けてくれている実践の人。本書は、その大事にすべき視点と現場での応用がふんだんに盛り込まれている。このような形で多くの人がその視点にふれる機会が増えることをうれしく思う。

特定非営利活動法人SUN
理事長　　藤村　出

はじめに

■ 個別支援計画に関わって

　現在、自閉症の人の教育、支援では、名称は異なっても個別支援計画※をたてることが決められています。しかし、まだ多くの支援者がどのようなプロセスで、どのようにアセスメントし、どのように計画して、どのように実践するのかというイメージをもつことが難しい状況にあります。私自身も、これまで個別支援計画の実践の中で悩み、実践の中でシステム等の調整を進めてきました。

　私が個別支援計画に最初に関わったのは、特別支援学校（当時、養護学校）の非常勤講師の時でした。当時、中学部の2人の自閉症の生徒を担当しました。そのなかで、自分が考えた課題の設定や支援について、周囲の先生方の考え方が大きく異なるという問題が生じました。
　他の先生と一貫した共通認識が必要になり、手探りで個別支援計画を作成しました。そこでは本人の特性と具体的な活動場面の支援を、絵なども交えて具体的に伝えていきました。そのことにより一貫した視点で協働作業をしていただける先生方も増えてきました。2人の生徒も自立できる活動の幅が広がり、よい傾向が見られました。
　しかし、その個別支援計画の問題点に気づいたのは、それから5年後のことでした。ある時その2人の生徒たちを観察する機会があったのですが、5年前に私が考えた支援は継続されてはいましたが、すでに本人たちの特性と年齢にあっていない状態にもかかわらず5年前と同一の支援計画が用いられていたのです。
　その経験の中から、一貫性のある支援の意味や継続するための仕組みについての必要性に気づかされました。それから現在まで、個別支援計画に関する先輩方のさまざまな実践に学びながら、どんな地域においても一貫した視点で、指導・支援ができる個別支援計画とその仕組みについて整理してきました。

　今回紹介する個別支援計画と仕組みづくりの作成にあたり、影響をうけた考え方があります。それは、佐賀大学文化教育学部附属特別支援学校の小学部・中学部のIEPの実践と、藤村出氏による「横浜やまびこの里」での「個別プログラムに基づいた支援」の実践です。
　佐賀大学文化教育学部附属特別支援学校の小学部・中学部では、職員としてまたスーパーバイザーとして研究に関わりました。ここにおけるIEPの実践では、効果測定の基本的なプロセス、年齢にあわせた教育内容の精選について学ばせていただきました。
　また、本書で紹介する「生活デザイン思考の支援計画」の中核となる視点は、藤村出氏の「個別プログラムに基づいた支援」の考え方に大きな影響をうけています。特に実態のアセスメントから課題設定をする視点および課題に優先順位をたてて進める視点を活用しています。
　2つの実践を参考にしつつ約12年間にわたる幼児から成人期の教育・支援の実践研究をまとめたのが、本書で紹介する「生活デザインの視点でつくる個別支援計画」です。本書は、そ

※「個別支援計画」は福祉の現場で使われている用語です。特別支援教育では「個別の教育支援計画」と「個別の指導計画」等があります。その他の分野でもさまざまな呼び方があります。本書では「個別支援計画」という呼称を使います。

の個別支援計画の仕組みに関してのガイドラインと事例をふまえた具体的な手引きとして作成しました。

■ フレームワークを活用した実践をサポート

前著である『「気づき」と「できる」から始めるフレームワークを活用した自閉症支援』では、支援者の方に自立課題や行動支援のフレームワークシートを活用しながら進めることをお伝えしました。その後、各地でフレームワークを活用することによるすぐれた実践が進んでいる事例を聞くことが増えてきました。

共通したフレームワークを活用して、一貫した視点でのアセスメント、計画、実践、再調整を行う事業所が増えています。また、支援者のスキルアップ、地域での啓発といった活用も広がっています。

しかし、一方で多くの読者から「フレームワークを活用しても、なかなかイメージをもって、書いて、考察することが難しい」あるいは「生活全般でどのように活用したらよいのかのイメージが難しい」という読者からの声も聞こえてきました。

本書では、『フレームワークを活用した自閉症支援』で紹介できなかった教育・支援領域での課題の設定と計画のプロセスおよび参考になる視点を紹介しています。前著と併せてお読みいただくことで、フレームワークの活用する幅をさらに広げていただければ幸いです。

■ 支援と課題

個別支援計画には大きく2つの内容を含むことが重要になります。

ひとつは、本人が自立して学習したり、活動したりするために何を支援するかです。前著『フレームワークを活用した自閉症支援』と本書では、特性に伴う支援、生活場面や課題となっている内容ごとの支援について、フレームワークシートを活用して計画できるようにしています。

もうひとつは、将来においてより質の高い生活の自立をめざすための課題の設定です。この課題とは本人にとっての課題です。本人が気づき、学び、そして自立していくための課題です。本書では、前著では伝えることができなかった、この課題の設定とその後のステップについてていねいに解説しています。

支援と課題は密接に関係しあっています。支援によって自立が進みます。また自立したスキルは、その後の支援の中で活用することができます。この支援の設定と課題の設定の両輪があって学校や事業所での自閉症の人へのアプローチが整理されていきます。

個別支援計画はシンプル

支援・工夫つきで教える

どんな支援・工夫が必要か ⇄ 何が課題になるのか

自立したスキルは活用する

もくじ

1章 3つの個別支援計画　7

1. 生活デザインという視点 …………………………………………………………… 7
2. 個別支援計画を支える6つの考え方 …………………………………………… 7
3. コマ・モデルについて ……………………………………………………………… 9
4. A・B・C計画 ……………………………………………………………………… 11

2章 支援の軸になる計画（A計画）　12

1. 自閉症の特性のアセスメントと支援計画 ……………………………………… 12
2. 理解に関するアセスメントと活用（受容コミュニケーションの支援）… 15
3. 生活デザインシートを書こう …………………………………………………… 17
4. モニタリング ……………………………………………………………………… 19

3章 生活の基本デザインを整理しよう（B計画）　20

1. 環境の設定・支援を書き出そう ………………………………………………… 20
2. 生活内容のデザイン ……………………………………………………………… 23
3. モニタリング ……………………………………………………………………… 23

4章 現在と将来を意識した課題設定（短期目標・B計画）　25

1. 年齢にあわせた課題設定について ……………………………………………… 26
2.「できている部分」「芽生え反応」「チャレンジ項目」からの課題設定 … 26
3. 優先順位をたてよう ……………………………………………………………… 28
4. 課題を達成するための支援 ……………………………………………………… 29
5. モニタリング ……………………………………………………………………… 29
6. 短期目標作成の実際 ……………………………………………………………… 30
7. ライフステージにあわせた課題・活動の設定 ………………………………… 38

事例1 保育所での環境設定の例：広島県にある保育所の実践 ……………… 45
事例2 就学前の自立を念頭においた児童発達支援事業の環境設定 ……… 46
事例3 本人の強みを活用したスプーン・フォークの練習の機会の設定 … 48

| 事例 4 | 「定規の使い方」の明確な指示と整理統合の工夫を活用した支援 …………… 50
| 事例 5 | 学齢後期から移行期の環境設定 ………………………………………… 56
| 事例 6-a | 調理の基本スキルと参照の課題を設定した調理活動①：スキルアセスメント …… 57
| 事例 6-b | 調理の基本スキルと参照の課題を設定した調理活動②：焼きそばづくり ……… 59
| 事例 7 | 複雑で工程のある活動の設定：コーヒーメーカーの活用 ………………… 60
| 事例 8 | 本人のもっているスキルを活用して作業の自立を支援した事例 …………… 63
| 事例 9 | 本人の理解にあわせて少しずつ具体的な提示にスケジュールを調整 ……… 64

5章　さまざまな生活場面の具体的な支援計画（C計画）　65

1. C計画について …………………………………………………………… 65
2. アセスメントとプランニング ……………………………………………… 65
3. モニタリング ……………………………………………………………… 66
4. 日常生活の活動 …………………………………………………………… 66
| 事例 10 | 本人の理解をアセスメントし計画的に家庭での片づけを支援 ……………… 69

5. 余暇活動支援 ……………………………………………………………… 71
| 事例 11 | スモールステップで遊びを指導した例 …………………………………… 73

6. 学習支援 ………………………………………………………………… 75
7. 就労支援プロセス ………………………………………………………… 79
| 事例 12 | 就労・地域移行を念頭においた環境設定 ………………………………… 82

8. 相手に自分の気持ちを伝えること（表出コミュニケーション）…………… 85
9. 社会的機会の設定 ………………………………………………………… 88
| 事例 13 | 順番表やコミュニケーションの方法を視覚化して友だちから物を借りる … 93
| 事例 14 | 視覚的な手立てを活用してのグループ活動（相互交渉）………………… 95

10. 地域活動・イベント参加 ………………………………………………… 97
| 事例 15 | クリスマス会での全体の設定と個別の設定 ……………………………… 98

11. 健康・衛生管理 …………………………………………………………… 99
| 事例 16 | 運動の「いつ」「どこで」「何を」「どのように」などを具体化して教える　101

12. 健康診断・診察・治療 …………………………………………………… 102
| 事例 17 | 見通しと安心の将来に向けての診察や治療の習慣づくり（事前トレーニング）　104

13. ストレスマネジメント …… 106
事例18 アセスメントをもとにカームダウンエリアでの過ごし方 …… 109

14. 移行・引っ越しの支援 …… 111
事例19 児童発達支援事業所でうまくいっている支援を家庭に移行 …… 112
事例20 一貫した環境設定や支援の継続を念頭においた引っ越しの支援 …… 114

15. 災害対策支援 …… 117

6章 自己・周辺認知支援と相談支援　121

1. 自分や周囲についての理解の支援 …… 121
事例21 障害についての意味の理解をステップに分けて支援 …… 128
事例22 約束シートで虫の扱い方を指導 …… 129

2. 相談支援 …… 130

7章 協働とフレームワークの活用　133

1. 協働チーム（ネットワーク）について …… 133
2. 支援ミーティングについて …… 135

まとめ …… 136

資料 …… 137
- 自閉症特性解説の手引き　138
- 自閉症・発達障害の構造化マトリックス　146
- 視覚的情報提供のフォーム集　その1　150
- 視覚的情報提供のフォーム集　その2　151
- 支援会議・保護者との協働で活用するフォーム集　152
- IEPシートの保護者のニーズ内容の説明と記入例　153
- ワークシート　154
- CD-ROMに収録のワークシートの解説　162

1章　3つの個別支援計画

1．生活デザインという視点

　自閉症の人は、自分に起こっている状況と周辺で起こっている状況を把握して、自分に関連のある生活のデザインを整理して調整することが得意ではありません。そこで、その本人の生活全般のデザインに対しての総合的な個別支援計画が必要になります。

　ここで大切な視点は、世の中のすべての人が自分の生活デザインを自分一人で行っているわけではないということです。たとえば洋服をつくる時、あるいは家をつくる時に、デザインを人に任せる人が多いと思います。洋服や自分の好きな本を選択するのも、すでにネットサイトが絞り込んだ物を選ぶ時代です。生活デザインがネットサイトによってサポートされることによって生活しやすくなっています。

　定型発達の人は、生活デザインに対して自分の要望を伝えたり、選択したりすることは容易です。しかし自閉症の人は、コミュニケーションや整理統合※の困難さから、それが苦手です。そのため生活デザインをするうえで他の人に支援を求める度合いや内容が定型発達の人とは大きな違いがあります。

※物事に優先順位をたて（必要な部分に注目し、不必要な情報を無視して）、時間や環境を整理したり、調整したりすること。

2．個別支援計画を支える6つの考え方

　生活デザイン（個別支援計画）を作成する私たち支援者の仕事は、デザイナーの視点に近いといえます。生活に関するデザイナーの多くは、デザインを描くための基本となるフレームをもっている点も共通しています。

　生活デザイン思考に基づき、個別支援計画の基本となるフレームは、アメリカ・ノースカロライナ州のジャック・ウォール氏のいう『自閉症指導・支援の6つの考え方』を中核の視点としています。

①自閉症の特性が軸
②個別化
③アセスメントから始める
④実証された方法を使う
⑤自立が目的
⑥親やチーム間の協働を重視する

筆者自身が支援計画をたてる時にいつも念頭においているのが、この6つの考え方です。こちらは、支援計画の中で指導・支援がうまくいかなくなった時に振り返る際にも重要な視点です。個別支援計画の方向を確認していくのにも役立つのが、この視点です。ここでは、支援計画とこの6つの考え方を関連づけて解説していきます。

a 自閉症の特性が軸

支援者は、自閉症の特性を常に軸として意識することが必要です。自閉症であることによって生じる、さまざまな情報処理の特性、行動特性、考え方、学習様式、それらの特性に着目することが大切なのです。

個別支援計画にはじめて関わる保護者や支援者の中には、まだこの特性を考え方の軸としていないために、本人の行動だけに注目し、「落ち着きがない」「こだわりが強い」などの言葉を多く使う人もいます。しかし、自閉症の特性を軸としている個別支援計画に関わるなかで、使っている表現が「先日スーパーマーケットに行った時に注目がいろいろなところに移り変わりました」、あるいは「好きな活動の時に、次の活動に切り替わることが難しいです」などと特性を軸とした表現になる人もいます。

「落ち着きがない」という一般的な視点だけでは、具体的な個別支援計画につながりません。「注目が転導的に移り変わる」という自閉症の特性からの視点に基づくと「注目しなくてよい部分に対する刺激の統制を行って、注目すべき部分を明確に指示する」という障害特性をふまえた個別支援計画につながります。

b 個別化

自閉症の障害はスペクトラムです。つまり、たくさんの色合い（特性の幅）をもつ自閉症の人がいます。自閉症の人すべてに「このアイデアで支援するのがよい」という共通したことはなく、一人ひとりにあった個別支援計画をたてる必要があります。個別化が必要な部分は、生活内容、生活リズム、社会的場面などさまざまです。

c アセスメントから始める

多くの人の生活のデザインに関わるデザイナーは、アセスメントからスタートしていきます（例：オーダーメイドの洋服や家の設計、依頼者の考え方や要望を引き出す）。自閉症の人の生活のデザインを考えるうえでもアセスメントが重要です。白紙からデザインを描きだすのではなく、まずアセスメントからスタートして、デザインを描きだしていきます。どんなに整ったデザインでも本人にあっていないデザインでは役にたちません。

また、デザインは時間の経過によって調整していく必要があります。そのため、アセスメントも繰り返し修正を重ねながら進めていきます。

d 実証された方法を使う

　　生活デザインを考える時には、思いつきや感覚に基づいて考えるのではなく、科学的な裏づけのある方法や技術に基づいて行う必要があります。自閉症の人の生活デザインにおいても、構造化や行動理論などに基づく実証された方法によって考える必要があります。

e 自立が目的

　　自閉症の人の生活デザインである個別支援計画が目的としているのは、自閉症をもつ本人の自立した豊かな生活や活動です。現在の自立的な生活デザインと将来の自立的な生活デザインをイメージしながら、必要な支援を考えることが大切になります。また一つひとつの課題・活動も自立を目的として、指導・支援のデザインを考える必要があります。

f 親や支援チームメンバー間の協働を重視する

　　自閉症の人の生活デザインは幅広い内容のデザインになります。そのため保護者や支援チーム、地域の関係機関との協働作業が必要になります。自閉症の人の多くはひとつの場面でできることが、ほかの場面ではできないということがあります（般化の困難さ）。さらに、支援者が観察した内容と、親が観察した内容、ほかの支援チームメンバーが観察した内容とが異なる場合があります。また、地域の関係者の自閉症に対する理解にも差があります。それぞれのもっている情報の違いを確認し、協働の中で共通した視点を整理する必要があります。

　　そのことが自閉症の人に対する一貫した指導・支援の提供につながっていきます。

3．コマ・モデルについて

　　生活デザインである個別支援計画は、点・線・面による2次元的な計画ではなく立体デザインイメージをもっています。その立体的なイメージを「独楽・こま・コマ」に置き換えて考えています。コマは本体の中央に芯があって、はじめて回ります。本体だけでも、軸だけでも倒れてしまいます。また回転による力は遠心力としてバランスを保ちます。

　　自閉症の人のための生活デザインである個別支援計画も同じです。本人の特性を中心に、個別化した厚みと広がりが必要であり、支援者が支援を具体化する力と支援のバランスが必要になります。

a コマの「芯（軸）」

芯（軸）の部分は、本人の障害特性や認知の特性、学習様式などになります。支援者や生活の場所が変わることによって、この部分の認識が異なると支援はうまくいきません。共通認識、これを基本としてさまざまな具体的な支援計画をたてていきます。

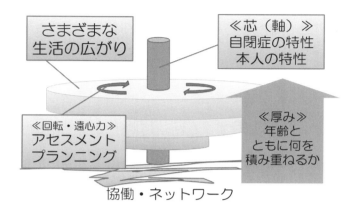

図1　さまざまなコマ・モデル

b コマの「胴」

胴の部分は具体的な生活の内容と広がりです。それらを時間とともに積み重ねていきます。生活デザインを考える時に、内容がひとつの分野に偏ってしまうとコマは安定して回ることができません。たとえば、成人期であれば「仕事」「余暇」「生活」「地域・文化活動」がバランスよく計画されることが必要です。

c 回転・遠心力

これらはコマの遠心力・回転力といえます。本人の力を十分に活用しながらも、アセスメントに基づく支援計画や支援者のアセスメントやプランニングなどのスキルが重要になってきます。

d 厚み

厚みは積み重ね方です。どのような内容において自立し、それをどのようにいろいろな場所に般化していくのかを積み重ねていくことは、将来の自立の安定や広がりにつながります。

e フィールド

コマが回っている場所は、個々の支援計画を築く地域や支援ネットワークです。一貫性のない視点で、床面がデコボコしていたらコマは安定して回りません。

4. A・B・C計画

筆者がはじめて支援計画を手探りで始めた時に、うまくいかなったのには理由がありました。それは具体的な支援の方法やアイデアが中心になっていたからです。具体的なアイデアの伝達は一時的には効果がありますが、生活環境や生活内容、年齢によって変わる本人の実態にはあわせることができなかったのです。

「長期的に一貫した視点をもつ」とは、ひとつのアイデアを継続的にもつことではなく、一貫した方向性で支援を調整しながら進めることです。

そこで支援計画をひとつの大きなくくりにしないで、A計画、B計画、C計画の3つに分けました。つまり長期的な一貫した視点の軸になる「A計画」と、生活の基盤になる「B計画」と、実際場面の具体的支援のための「C計画」に分けたのです。

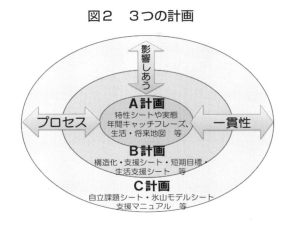

図2　3つの計画

表1　3つの指導・支援計画

	計画の例		特徴	モニタリングの時期
	支援計画	課題（指導計画）		
A計画 （長期）	特性シート 個人情報シート	生活・将来地図 年間キャッチフレーズ	長期的な計画：全般の計画の基本となる計画であり、どの計画の時も念頭において意識する	1～数年に1回行う （必要に応じて臨時に行うこともある）
B計画 （生活基盤）	構造化・支援シート 生活支援シート	短期目標シート	中期的な計画：生活の基本となる計画であり、活動・課題はこれによって進める	3～6か月に1回行う （必要に応じて臨時に行う）
C計画 （実際場面）	氷山モデルシート 行動支援シート	自立課題シート 自立課題アセスメント 自立度チェックシート	短期的な計画：日常の活動や課題の具体的な計画である	毎日の実践の中で繰り返していく

2章 支援の軸になる計画（A計画）

　A計画は、支援の軸になる計画です。おもに自閉症の特性や認知の特性をまとめた計画とさまざまな課題設定の優先順位に影響を与える長期イメージをとまとめたものになります。

　この部分は、支援者が変わっても状況・環境が変わっても、一貫性をもって進める必要があります。頻繁に変わるものではなく、1年から数年に1回確認して調整をしても、チームや地域がこの部分を守っていくことが必要になります。

1. 自閉症の特性のアセスメントと支援計画

　自閉症の人が自閉症の特性からうける影響は多岐にわたります。さまざまな計画の中核になるのがこの障害特性とそれに伴った支援の方向性です。軸であるA計画の中でも一番重要なのが特性のアセスメントになります。

　生活の一つひとつの場面での活動の中でも、本人がもつ自閉症の特性と指導・支援の方向性を参考にしながら支援計画をたてる必要があります。

　特性のアセスメントにより整理されたものは、どんな場面にも応用的に参照される内容であることが必要になります。たとえば「唾吐き時は、唾をどこに吐いてよいか吐いてよい場所（容器）に絵の指示をつける」という内容ではなく、「さまざまな物をどこに置いてよいかの指示が必要である」と一般性のある表現を用いてあらわすほうが、どんな場面でも応用できる一貫性のある指導・支援につながります。

■特性シートを書く時のポイント

　特性シートを活用すると「どの項目に何を書いてよいのかがわからない」という声を聞きます。

　そこで慣れるまでは、まず定型発達との違いを付箋紙に書き、それを「特性解説の手引き」（138〜145頁）を参考に貼ることから始めてください。その時には、貼った場所以外の部分にも関連特性がありますので、そこにも同じ内容を書き出していくとよいでしょう。

 記入例

自閉症・発達障害特性シート（幼児期）

DATA: 2012/11/17		氏名：K児（4歳）	記入者：瀬山
特性		本人の行動や特性	指導・支援の概要
コミュニケーション・社会性の特性	コミュニケーション・社会性の特性	・生活の中で使用している一部の1～2語文は理解している ・言語指示が入りにくく、視覚的な情報の方が理解しやすい	・写真や絵、シンボルの視覚的な情報で伝える。声かけは本人が理解できる内容で1回に1つの情報を伝える
	表出コミュニケーションの特性	・生活の中で出てくる1～3語の言葉を表出することがある。「先生○○して」などの要求がでることがある ・理解が難しい課題の時に、その場所からいなくなったり、コメントが多くなる ・混乱（不安、わからない）すると「こわい」『○○のATM行く』『△△をフーフーしに行く』などの言葉を言う	・絵、写真の交換式のコミュニケーションカードを使用する ・本人に使ってほしい言葉のモデルを先生が提示する
	社会性・対人関係の特性	・アイコンタクトが少ない ・不安な表情の時も、先生と目が会うとパターン的にニコッと笑い表情が極端に変わる ・周りの状況を判断しながら関わることは難しい	・社会的な場面での見通し（終わり）を伝える ・接近、並行の機会を設定する ・3～5人の社会的な機会を設定する
全体よりも細部に注目する特性	転導性・衝動性注意・注目の特性	・興味関心の強い、見えたもの、または自分の頭の中のイメージに引っ張られる（換気扇、スイッチなど） ・活動の途中でもコーナーから飛び出し換気扇や決まった場所へいくことがある ・課題の中で注目してほしい部分ではないところに注目が強く引っ張られることがある	・刺激の統制を行う（自立場面では2～3面パーテーション） ・活動の明確な指示、終わりの提示を行う ・強く興味関心をもっている換気扇などを見る時間を設定して保障する
	時間整理統合の特性	・次の活動の見通しをもつことができない ・「まずは○○。それが終ったら○○」のルーティンがイメージできていない ・自分がイメージした流れを保持しようとする	・「まずは○○、それが終ったら○○」のルーティンを教える ・終了箱などで終わりを提示する ・視覚的なスケジュール、ワークシステムなどを活用する（変更も伝える）
	空間整理統合の特性	・状況を判断して自分や物の位置を判断することが難しい ・空間の境界イメージをもつことが難しい ・材料を整理することが難しく、課題の遂行が難しい	・エリアを設定する ・場所や課題の中で境界をはっきりさせる ・一体型の課題設定が必要である
	変化の対応の特性	・変化が多いおもちゃエリアで動けなくなることがあった ・同一性保持が強い。思い通りになることは安心できるが、予測不可能なことは難しい	・先の見通し、変更を視覚的に伝える ・課題や活動で先にイメージを伝える
	関係理解の困難さ	・会話の中の部分の言葉を繰り返し言ったり、行動したりすることがある ・ひとつのことを強くイメージすると、他の部分を意識できないことがある	・写真や絵などを使って具体的に伝える ・計画的に状況を変えた課題設定を行う
	般化の特性	・対応する支援者によってできていたものができなくなることがある	・計画的に支援者を変える ・スケジュール・ワークシステムなどの視覚的なものを活用する
記憶の特性	記憶の維持の特性	・移動途中や活動途中で見えるものに引っ張られるため、今していることを忘れることがある	・スケジュールは移動型にする ・視覚的なものがあると記憶が維持しやすい ・忘れる部分に関してはリマインダーを準備する
	長期記憶の特性	・過去の経験したことを、繰り返し話したりすることがある ・過去見た物、経験したもののをイメージした言動が見られる	・成功体験で終われるよう、具体的・視覚的に提示する ・いったんイメージを終わりにする習慣を設定する
感覚の特異性		・換気扇の音が気になる ・小さい子どもの泣き声、草刈り機の音に耳ふさぎをしたり、混乱する ・スーパーに入りたがらない（母からの情報）	・刺激の統制を行う ・イヤマフの使用（自分で管理できない＝こちらで管理する）
微細運動・粗大運動		・不器用さがある ・姿勢を維持することが難しい	・手先を使った活動を設定する ・本人が気づけるように、事前に伝えたり、フィードバックを行う
その他の特性 感情のコントロール 等			
理解に関する特性 （どんな情報が得意か）		・視覚的な情報：絵・写真（背景のないそのもの）	

 記入例

自閉症・発達障害特性シート（学齢後期）

DATA：2013年／2／25	氏名：H児（12歳）	記入者：村岡
特性	本人の行動や特性	指導・支援の概要

コミュニケーション・社会性の特性

特性	本人の行動や特性	指導・支援の概要
受容コミュニケーションの特性 字義通り理解する、言語指示を整理してつかむことができない など	簡単な言語や経験のある言葉かけなど理解を示すことがあるが、非文脈での言語指示の理解難しいことがある。絵や写真などの単語の情報は掴み取り易い。字義どおりの解釈がみられる	初めての内容や本人がイメージしにくい内容に関しては、文章、絵などにより具体的に意味をつかみ取りやすい情報の提示を行う。抽象的な表現ではなくイメージしやすい文言で伝える
表出コミュニケーションの特性 無語、エコラリア、声の調子やリズム、意思交換の困難さ など	表出言語は見られるが、人とのやりとり自体は少なく、エコラリアや一方的な表出が多いことがある。方向性や距離の意識が難しいことがある。声の調子が独特である	どのような場面で、誰に、どのように伝えればよいのかを補助的なカードやリスト等を用いて伝える方法を教えていく
社会性・対人関係の特性 一人でいることを好む、アイコンタクトやジョイントアテンションの困難さ、自発的にかかわりをもつことの困難さ など	自ら他者に積極的に関わることは少ない。歌が好きだが、どのような場面で歌っていいか、周囲の状況をイメージしながら声の大きさを調整することが難しいことがある	その場で期待されている振る舞い方について「○○しないで」ではなく「○○して」の情報で伝えることで、期待されていることをつかみ取りやすくする

全体よりも細部に注目する特性

特性	本人の行動や特性	指導・支援の概要
転導性・衝動性 注意・注目の特性 転導的・衝動的な行動、切り替えの困難さ 注目することの困難さ など	全体を把握するよりも細部の情報に強く注目することが見られている。興味関心があることなど、一度注目した内容から、なかなか別な活動へ注目を切り替えることが難しいことがある（シュレッダーなど）	今注目すべき内容を具体的に提示する。どこにどのように注目するべきかを伝え、習慣を活用する。ひとつの場所をひとつの活動となるように設定する（一部コミュニティエリアは多目的に設定する）
時間整理統合の特性 日程の計画や調整、活動や手順の調整、実行機能の困難さ など	周囲の状況とあわせて日程や手順等を計画・調整することが難しい。また、見通しがないとどのようになるのかの不安も見られる	スケジュールのや手順書等を活用する。変更のシステムを活用する
空間整理統合の特性 自分の位置や材料や道具の位置の調整、1つ場所の多目的利用の困難さ など	机上を自分で使いやすいように道具や材料を並べたり、調整したりすることに苦手さが見られる。ひとつの場所を多目的に使用するよりもひとつの場所が決められていると、期待されている行動を理解しやすい	テンプレートの活用（どこにどのように並べるか補助的なもの）
変化の対応の特性 場所、物、人、予定、習慣の変化の不安・抵抗 強迫的な行動、ルーティンの必要性 など	突発的な変化などは苦手であるが、事前に予告や変更することを伝えられることで対応できる。確認が何度も出るような際は、本人がわかる提示を行うことで、自ら確認し、納得することができるだろう。ルーティン強い	習慣を活用して、お知らせをするボードやいつも同じ変更のシステムを使用する（中止は○○、変更は○○→○○、追加は←○○など）
関係理解の困難さ 関連づけすぎ、関連付けが難しい、自己流の解釈、字義通りの解釈、絵などの具体的に意味をとる など	人と場面での行動や、自分の取るべき行動などを結びつけ過ぎることが見られることがある。写真の情報などを具体的に取り過ぎることがある（ネジが置いている写真通りに置こうとするなど）	自己流で解釈している行動に関しては、情報を提示して、周囲が期待している内容を教えていく
般化の特性 習得したスキルや人や物への対応を他の場面、違う文脈で状態が変わる。材料・場面・指導者が変わった時に課題を遂行できない など	いつも使い慣れているシステムが、初めての場所での使用になった時に、同じように使えないことがある	本人がわかる指示を用いて、1つの場面でできた内容を、他の場所でも本人に指示に気づかせて般化していく

記憶の特性

特性	本人の行動や特性	指導・支援の概要
記憶の維持の特性 短期記憶・作業記憶などの維持の困難さ など	作業記憶を維持するよりも他のことに注目してしまい、今すべき活動が何だったのかを忘れてしまうことがある	リマインダーの活用（期待されている内容を視覚的な提示で見せるなど）
長期記憶の特性 長期に脳に維持される記憶、経験した記憶が消えない特性 など	陽だまりのエリアなど間違えずに覚えることができている。過去に取り組んだ内容を同じように再現することが見られる	はじめから成功体験に導けるような指導をイメージして実施していく

特性	本人の行動や特性	指導・支援の概要
感覚の特異性 視覚刺激、聴覚刺激、味覚刺激、嗅覚刺激、触覚刺激などによる反応、または鋭敏さ、鈍感さ	体を前後や左右に揺らしたりするロッキングが見られることがある	本人の中での感覚調整のため、特に制止せずに、切り替えられなかったりする場合は、今すべき活動を提示する
微細運動・粗大運動 手と目の供応の困難さ、手先の不器用さ、緊張や柔軟さの無い体全体の動き など	枠を意識して色を塗ったり、文字をていねいに書いたりすることに苦手さが見られる	手と目を供応させながら取り組む活動を精選し、実施していく
その他の特性 感情のコントロール 等	他者が怒られていたり、他者の苛々した声などに反応して自分も苛々するような場面が見られる	気にしなくてよい情報を無視できないため、今すべき活動を提示する
理解に関する特性 （どんな情報が得意か）	写真、絵、単語、文章（3語文程度）	本人が理解できる情報提供を心がける。字義どおりの解釈の際は、さまざまな活用の事例を使って伝える

2. 理解に関するアセスメントと活用
（受容コミュニケーションの支援）

　さまざまな活動が自立できるように指示したり、本人に周囲のことや本人についての情報を伝えたりする指導・支援では、本人がどのような情報を理解するのかを把握することがA計画の重要な一部になります。ここでは、本人が理解できる情報をアセスメントし、まとめる部分を解説します。

●理解のアセスメントの実際

準備

　本書では筆者が実践の中で活用している理解・スキルのアセスメント用紙を掲載しています。これは前著『フレームワークを活用した自閉症支援』で紹介した「自立課題アセスメントシート」に理解やスキルの項目を書き出したものです。

　理解のアセスメントで使うものは、生活の中で活用するものです。しかし、日頃使っているものではなく、使っていないアイテムを5つくらいを準備します。あわせて、それらのアイテムに関連した写真・絵・単語・文章の指示を準備します。写真・絵・文章に関しては動作の入った指示も準備します（例：「ボールをコップに入れる」）。

写真1

基礎的理解アセスメントの材料

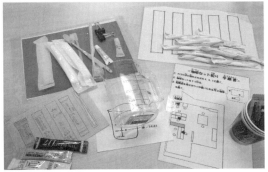
機能的設定でアセスメント

■状況に影響をうけない場面の設定

　日常の流れや状況（文脈のある設定）で理解のアセスメントを実施すると、理解していない内容でも、これまでの経験、習慣（流れ）で理解しているようにふるまってしまうことがあります。そこで、理解のアセスメントでは、これまでの経験や習慣の影響のない状況や場面で抽出された非文脈の設定で行います。

■アセスメントの実際

　通常は支援者と1対1で課題を学ぶ場所で、視覚的スケジュールを提示して実施します。

アイテムを効率的に、できるだけ少ない数で実施するために抽象的なほうから具体的なほうへと実施します。たとえば、文章→単語→絵→写真→具体物という順番で実施します。巻末の資料に最初に実施する理解と基礎概念の項目を書いた「自立課題アセスメントシート」がありますので活用してください（154 〜 156 頁）。

■個人情報シートに書き出す

アセスメントの結果は、個人情報シートにまとめて生活のさまざまな場面で指導・支援計画に活用します。個人情報シートは、理解に関するアセスメントなどを集約するシートです。

記入例　自立課題アセスメントシート【理解のアセスメント　タイプA】

課題目標：理解のアセスメント（基本項目）　No.　氏名：K児（5歳）　日付：○年○月○日

	項目（工程・活動 等）	P	E	F	活用できる部分	課題・支援の必要な部分	指導・支援の方向性
1	言語の理解（物）		LE		文脈のある単語や慣れしたしんだ単語は理解できている	文脈のない単語の理解が難しい	本人が意味をつかみ取りやすい情報の提示。見通しの指示は視覚的な指示の活用が望ましい
2	言語の理解（動作）						
3	文字の理解（物）			✓		文字が意味することをつかめない	本人が意味をつかみ取りやすい情報の提示
4	文字の理解（動作）						
5	絵の理解（物）	✓			絵が提示する物の意味をつかみ取れる	指示で取った具体物の文脈に引っ張られる	指示の明瞭化が必要
6	絵の理解（動作・再現）		✓		絵が提示する動作の意味をつかみ取ろうとする	抽象的になると区別がつかないことも	本人がイメージしやすい指示の活用
7	写真の理解（物）	✓			写真が提示する物の意味をつかみ取れる		
8	写真の理解（動作・再現）	✓			写真が提示する動作の意味をつかみ取れる	字義通りの理解	向きや持ち方など、写真通りの解釈に注意する
9	具体物の提示	✓			提示された具体物と同じものを取ることができる		
10	動作のモデル						

マッチング・分類

		P	E	F	活用できる部分	課題・支援の必要な部分	指導・支援の方向性
12	絵－物		✓				
13	写真－物	✓					
15	絵－絵		✓				
16	写真－写真		✓				
17	物－物	✓			具体物と具体物のマッチング、分類のイメージがある		
AA	完成見本（絵・写真）		✓		完成見本への注目	工程が複雑だったり、微妙な違いに気づかなかったり	

個人情報シート

| 氏名：K児（5歳） | 記入者：水野 | 日付：○年○月○日　（水） |

●活用できる本人の情報	
どんな視覚的な情報が得意か？	絵・写真・具体物・1対1対応の指示
言語の理解は？	慣れ親しんだ一部の単語（物）は理解できる
本人の興味・関心（好きなもの、活動）は？ 動機づけになるものは何か？	アニメのキャラクター、感覚的な遊び、物の落下
もっている概念・スキルは？	プットイン、1対1の対応、カットアウト、色、形
終りをなんで知ることができるか？	無くなったら終わり、先生主導（次の活動の提示）
その他の活用できる情報	

●活用できる本人の情報	
新しいことを教える時の手がかりのタイプは？	写真や絵の指示、身体プロンプト、同時モデル
情報処理に配慮することがあるか？ （スピードや情報量への対応）	興味関心の物があると、必要な情報に注目が難しい
教える時に配慮することがあるか？	1対1の勉強のエリアでは注意喚起が必要である
思考の違いで配慮することがあるか？ （例：字義通りってしまう）	真似しなくてよい部分も真似してしまう

3．生活デザインシートを書こう

　本人や保護者を含む協働チームが、この1年間もしくはこの数年間、本人にどんな方向で指導・支援を実施するかということも、さまざまな支援計画に影響を与える軸のA計画になります。この計画によって、支援や課題の設定の中でどのように優先順位をたてるかということの参考になります。

　私が活用しているのが『生活デザインシート』です。『生活デザインシート』は、現在の生活内容を平面上に書き出してみた「生活マップ」と、1年、5年、10年先の生活イメージを平面上に書き出した「将来マップ」から年間の方向を考えるシートです。

　現在の状態から将来像を整理して、今後どのような課題を設定すればよいのか、どのような支援の体制が必要なのかを協働支援チーム全体がイメージしやすいように、1〜3つのキャッチフレーズを考えます。この年間キャッチフレーズは、個別支援計画をたてる時の優先順位にも影響します。また、常に協働支援チーム全体で意識できるように、連絡帳などに記入しておくなどの工夫も考えます。

2章　支援の軸になる計画（A計画）

 **生活デザインシート例（学齢後期）**

日付： ＊月 ＊日　　　氏名：　Ｙさん　（高等部１年生）

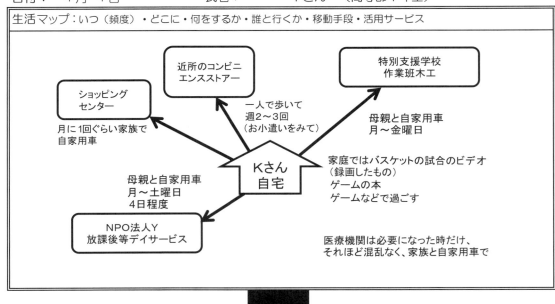

年間キャッチフレーズ：

・10年先の生活をイメージした習慣
・アセスメントのための実習を3か所以上実施する

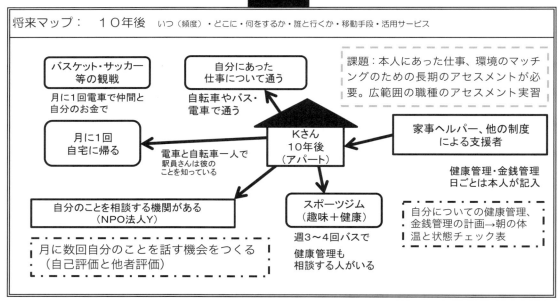

表2　活動を広げる視点

好きでできる活動	生活の中のひとつの活動として設定する。見通しを伝える。適切ではない内容は、設定しない、または適切な形に変えて設定する（場所、内容など）
できる活動 （好きではない・嫌いでもない）	活用し機会を設定する。見通しを伝えて実施する（終わりを明確にする）。生活の中のひとつの活動として設定する
芽生えの活動 （好きまたは好きでも嫌いでもない）	1対1のエリアで教える。活動内容・やり方・見通しを見える形でわかりやすくする。できたものは自立エリアで一人で実施する（→遊びエリア、生活のひとつの活動として設定する）
落ち着く活動	生活の中に計画的に組み込む、見通しを伝える（終わりを明確にする）
興奮する活動 （好きな活動でも）	場所・境界・見通し（終わり）を明確にして実施する
好きな活動で感覚的な活動	場所・境界・見通し（終わり）を明確にして実施する。興奮の状態や依存性を確認しながら調整する

4．モニタリング

　A計画の内容は本人の支援の軸になる部分のため、一貫した視点で継続していく必要があります。しかし、それは同一のものを維持するということではなく、実際の支援の中の継続的なアセスメントや、本人の様子の変化にあわせて内容を調整していくことも必要になります。

　A計画の内容の調整等に関しては、1～2年に1回の支援ミーティングおよび大きな状況の変化により計画変更の必要が出た時は、保護者も含む協働チームの確認のうえで行います。一部の支援者の考えや事業所の方針の変化などで簡単に変えるべきではないのが、A計画です。

　さまざまな移行期にも必ず一貫性をもって継続する必要がある部分が、このA計画です。できれば、保育所から学校、学校から事業所への移行に関しては、地域で引き継ぎを行い、このA計画の一貫性が維持できるような支援体制をつくることが必須です。

3章 生活の基本デザインを整理しよう（B計画）

個々の特性に考慮して、生活全般に影響を与える基本となる支援を整理した計画が必要になります。おもには構造化された指導・支援のアイデアと生活場面ごとの指導・支援が中心になります。この部分は現場での様子を観察しながら、ある程度の期間で修正しながら進めます。

1．環境の設定・支援を書き出そう

　自閉症をもつ本人にとって、生活のさまざまな場面、さまざまな教育・療育の機会を広げるためには環境の設定や支援の計画が重要になります。

　環境が生活や学習などに大きな影響を与えるため、明確な環境設定、明確な手立てが必要になります。障害特性や認知特性にあわせた構造化、およびその他の計画を書き込むシートとして前著『フレームワークを活用した自閉症支援』で「構造化・支援シート」を紹介しました。

記入例　構造化・支援シート（学齢後期）

日付：○年○月○日　　氏名：Hさん　　　　　　　　　　　　　　　記入者：村岡

支援	支援計画	解説・図
物理的構造化	●どのようにエリアが設定されているか：1つの場所1つの活動の設定。先生と勉強、一人で勉強、アート、読書、休憩、DVD、音楽、フード	
	●どんな境界があるか：棚、壁、パーテーション、マット	
	●刺激の統制をどのように設定しているか：2面〜3面の刺激の統制	
スケジュール	● 視覚的合図はなにか（何で理解するか）：リスト（文字と線画）	
	●長さは：フルデイ（1日全部）	
	●形態・タイプについて（どんなシステムか）：上から下。チェックボックスにチェックをつける	
	●チェックは（トランジッションは）：「スケジュールチェックします」の指示があった時	
	●どこに設置されているか：持ち歩き	
ワークシステム	●システムの種類：作業・勉強法の課題名の文字リスト	
	●何を見て課題の内容を知るか：リストに書かれた課題名	
	●どうやって課題の量を知るか：リストに書かれた課題名の数	
	●どうやって課題の終わりを知るか：チェックボックスに全てチェックがついたら終わり	
	●課題が終わったら何があるか、何を見て知るか？：「スケジュールチェックします」の文字	
	●移動の有無と操作：移動あり（5〜6歩）	
変更のシステム	変更：文字と線画→文字　　追加：←文字と線画　　中止：文字と線画	
視覚的構造化	視覚的指示：写真、絵、完成見本、文字、絵辞書／活動によって指示がちがう	
	視覚的整理統合：テンプレート、材料を容器などでまとめる	
	視覚的明瞭化：イーゼル（指示を立ててみせる）、ハイライト	

 **記入例 構造化・支援シート（幼児期）**

日付：○年○月○日　　氏名：M児　　　　　　　　　　　　　記入者：村岡

支援	支援計画	解説・図
物理的構造化	●どのようにエリアが設定されている：一つの活動は一つのエリアで設定　先生と勉強、一人で勉強、フード、あそび等 ●どんな境界があるか：壁や棚、パーテーション、床にマットなど ●刺激の統制をどのように設定しているか：一人で勉強のエリア→3面、先生と勉強→2面半	
スケジュール	●視覚的合図はなにか（何で理解するか）：写真、絵 ●長さは：4枚提示 ●形態・タイプについて（どんなシステムか）：上から下。移動型で移動先にポケットがある ●チェックは（トランジッションは）：トランジッションカードを渡されたら、スケジュールをチェックする。トランジッションカードはキャラクター ●どこに設置されているか：：トランジッションエリア（他者と共有）	
ワークシステム	●システムの種類：上から下。キャラクターカードを一体型のタスクにマッチングしてから始める ●何を見て課題の内容を知るか：キャラクターカード ●どうやって課題の量を知るか：カードの枚数 ●どうやって課題の終わりを知るか：キャラクターカードがなくなったらおわり ●課題が終わったら何があるか、何を見て知るか？：写真、絵カード ●移動の有無と操作：移動なし。左側にフィニッシュボックス仕様	
変更のシステム	中止→NOマーク　　　　追加→青の台紙に左に矢印 変更→NOマークの横に黄色の台紙	
視覚的構造化	視覚的指示：具体物、写真、ロゴのマーク、プットイン、色、1対1の対応、具体物の完成見本 視覚的整理統合：1対型、材料ひとまとめ 視覚的明瞭化：量が少ない、イーゼル（指示を立てて見せる）	
ルーティンの活用	スケジュール、ワークシステムのチェック、フィニッシュボックスの活用	
新しいことを教える時の方法・工夫	指示に注目させながら、先行モデルを見せる。指示待ちにならないようフェードアウトを意識する	
コミュニケーションシステム	どんな形態か？：PECS※ 設定の仕方は？：持ち歩き 教えるための工夫は？：プロンプターとパートナーの設定。各フェーズごとに指導	
その他のシステム及び支援	待ちますカード、フィニッシュボックス、手順書のチェック	

※Picture Exchange Commication System：絵カード交換コミュニティシステム。代替コミュニケーション。

　前著でも解説しましたが、自閉症の人は全体よりも細部に強く注目することから、注目しなくてよい部分（自分の活動には関係のない部分）に強く注目しすぎることで、注目しなくてはいけない部分（自分の活動に関係のある部分）に注目することができないという特性があります。このことが原因でさまざまな活動が難しく、さまざまなことを整理し調整することの困難にもつながっています。

　本書では、前著で紹介した3つの重要な支援をさらに発展させて、4つの要素を事

例を通してお伝えします。それは「たし算（＋）」「引き算（－）」「かけ算（×）」「わり算（÷）」の4つの支援です。以下の表に内容を整理しました。また、本書に出てくる事例では、この4つの支援の視点を意識した事例を掲載しています。

図3　4つの支援

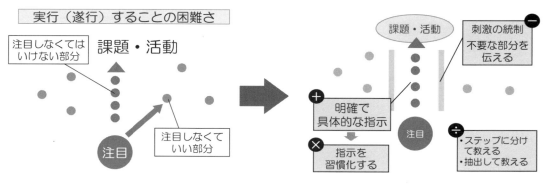

表3　自閉症の特性を考慮した4つの支援の解説

	解　説	実　践　例
たし算（＋）	・注目する部分や活動を明確に具体的に伝える ・視覚的に整理した状態で伝える ・上手に教える工夫 ・本人にあわせた手がかりで教える	・日課、活動の指示、物や自分の位置を指示する ・文章、絵、写真、具体物などで指示する ・完成見本やジグの活用をする ・個別化した手がかり（言葉、ジェスチャー、モデル、手添えなど）で教える
ひき算（－）	・関係ないものを無視できるように工夫する ・刺激や情報を統制する ・必要ではない部分を不要だと伝える ・計画的にフェードアウトする	・パーテーションなどで刺激を統制する ・機器の中で不要な部分を隠す ・「それは関係ありません」と伝える ・教える手がかりを少なくする
かけ算（×）	・いつも同じシステムを活用する ・習慣化して教える ・繰り返しを活用する ・機会をつくる	・いつも同じ方法で指示を確認する ・同じスキルを何回も練習できるように材料などを工夫する ・意図的にスキルを使う場面を設定する
わり算（÷）	・ステップに分けて教える ・うまくいかない部分を抽出して教える	・1つの活動を細かい工程にわけて教える ・一連の流れではなく、抽出して部分の概念、スキルを課題として教える ・複数の課題ではなく、1つの課題に絞り込んで教える

➕ 注目すること・活動を明確に伝える	➖ 注目しないようにする支援

2. 生活内容のデザイン

　自閉症の人の一日の生活にも個別のデザインが必要になります。日常生活の基本となる活動、できていることを取り入れた活動、興味・関心、余暇、リラックスする時間、将来のために必要な課題、さまざまな活動内容を設定する必要があります。また、本人のスピードや持続力も一日の生活の活動の設定で考慮する必要があります。

　一日のベースとなる生活内容を書き出し、設定した一つひとつの活動や場面での本人の様子と支援の方向性を書き出すことが必要になります。

　『フレームワークを活用した自閉症支援』で紹介した生活支援シートが、この生活内容と場面ごとの支援・指導について書き出すシートになります。

　生活支援シートは、時間軸で書き出すシートになっていましたが、今回紹介する「生活支援シートB」は、どんな教室・事業所でも共通でおさえておくとよい場面と、追加の生活場面を記入し、本人の様子と支援・指導について書き込むシートになっていますので、活用しやすいシートを選んで使ってください。

　また、事業所では一人の利用者の一日の活動の流れだけではなく、教室・事業所の全部の利用児者の活動の流れと、支援スタッフの活動の流れを把握する必要があります。その時に活用する「生活支援体制シート」をCDに収録しましたので、活用してください。

3. モニタリング

　生活の基盤となる本章の計画は、本人の状態と環境の変化等によって調整が必要です。短い期間で支援の計画が変わることは本人にも影響を与えます。しかしながら、事業所などの実態にもよりますが、数か月ごとに1度は修正を行いながら一貫性のある支援計画にしていきます。

　筆者の実践の中では、毎月の支援スタッフの会議では毎回確認のうえ修正し、3か

月〜6か月（事業所により異なる）ごとに1回は保護者と確認のうえ、修正を行うようにしています。

この生活基盤の支援計画は、A計画の基本の軸である計画が修正されると、それに影響されて変わってきます。また後述する具体的な毎日の支援の気づきの中で、修正が必要になることもあります。

記入例　生活支援シート（幼児期）

氏名：M児		記入者：安達、村岡
生活場面	本人の状況	指導・支援計画
①初めての活動・課題へ取り組む時の支援	言語指示では理解できないことが多く絵と写真のカードを使った視覚的指示が理解しやすい。指示どおりにきっちりと並べようとする。興味関心のある物には注目がいきやすい	本人に理解できる絵と写真のカードを使って視覚的情報で提示する。活動、課題に注目できるように材料を整理して指示を明瞭化する
②活動の終わりと、終わったら次に何があるのかを伝える支援	トランジッションカードを渡されると活動を切り替えることができるが、好きな活動では終わらないことがある。次のスケジュールのカードを見て次の活動を理解できる	終わらない場合はフィニッシュボックスやノーマークを活用する。次の活動は視覚的に絵や写真のカードを提示する
③見通しを伝えるための支援	行き先のカード提示すると今日はどこへ行くかがわかる。一日の活動はスケジュールカードを3枚ずつ提示し見通しをもって活動できる	first 〜, then 〜（まず〜これが終わったら〜）のルーティンをつくる。就学にむけて週間スケジュールも活用していく
④遊び場面での支援	好きなキャラクターのおもちゃを並べて遊ぶことが多い。見本を見て塗り絵ができる。外遊びでは走ったりトランポリンや三輪車で遊ぶことがすき。大きなシャボン玉を目で追う	遊びのアセスメントを実施し、遊びの機会をつくって興味関心の幅を広げる。自立した遊びの内容を、社会的な場面での遊びに広げていく
⑤集団活動の支援	周囲の物に興味を示すことがあるが、自分から人に関わる場面はあまりみられない	接近や並行の機会を設定する
⑥生活・身辺自立の支援	おしっこはトイレでできるが場面が変わるとできないことがある。ズボンの上げ下げは指示を見てすることができる。ごはんはスプーンを使って食べることができる	視覚的指示を活用する・練習する機会を増やしていく。ルーティンを活用する
⑦外出の支援		
⑧表出コミュニケーション場面の支援	おやつ、飲み物、あそびはPECSのカードを使って「〜ください」の2語文で要求できる。その際に発語がみられることがある。わからない時はクレーンで伝えることが多く不安になると泣き出し切り替えが困難である	PECSを持ち歩き、要求する際に発語を促す。わからない時は手伝ってほしいことをカードで伝えられるようにしていく
⑨教科指導	指示が具体的でないと課題がイメージできない。絵、形のマッチングなどの指示は理解している	本人が理解している絵などを活用して、具体的に提示する。注目がそれている時は、課題を指さすなどして注意を向ける。指先の状態で、課題設定、素材を合わせる
⑩その他	温かいものを好む	食べ物は温めて出すようにする。PECSでのコミュニケーションを検討していく

4章 現在と将来を意識した課題設定（短期目標・B計画）

　支援計画の中では、本人の将来の自立や生活の広がりに向けての課題設定が必要になります。それがここで紹介する短期目標の設定のプロセスになります。まず、プロセスを説明する前に重要視したいポイントを整理します。

■アセスメントから始める個別化した課題設定
　課題設定するためには、まずアセスメントからスタートします。短期目標をたてるプロセスでは、保護者や当事者のニーズの聞き取り、また年齢にあわせたさまざまな領域のインフォーマルなアセスメント※から始めます。そのことにより個別化した課題設定が可能になります。

※本書ではインフォーマルアセスメント（標準化された検査具を使ったアセスメントではなく、事業所にある道具などで実施するアセスメント）を推奨していますが、フォーマルアセスメント（標準化された検査具を使ったアセスメント）を活用したスタートにも十分応用できるのが本書で紹介する課題設定のプロセスです。

■達成のイメージの明確化
　短期目標は、支援者にとっても、また保護者・本人にとってもその効果がはっきりイメージできることが重要になります。何が課題になっているのか、その課題がある一定の期間にどのように達成できたのか、達成できなかった理由は何かについて支援者にも保護者にも明確にイメージできることが重要になります。

■年齢にあわせた目標
　短期目標は、それぞれの年齢にあわせた課題設定が必要になります。幼児・学齢前期、学齢後期・移行期、成人期とそれぞれの年代にあわせて課題設定が変わってきます。本人のもっている力を底上げするボトムアップの視点と、本人の将来イメージから必要な課題を設定するトップダウンの視点、本人のもっている力から活動を設定するハビリテーション（能力を獲得するという意味）の視点の移り変わりを意識する必要があります。

図4　年代ごとの課題設定の変容

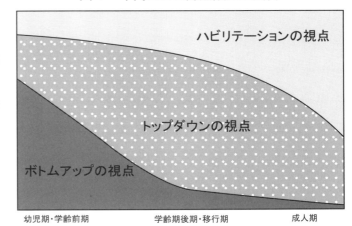

■効果測定が明確

短期目標をたてても、目標が曖昧でわかりにくいと効果測定が難しくなります。数値化できる評価基準や具体的な本人の様子をイメージできる評価基準があることで、はじめて信頼性のある効果測定ができるようになります。そのことで課題の達成の度合い、課題そのものの妥当性、再設定などの評価が明確になります。

では、これらの視点を具体化した短期目標設定・評価の特徴と実際のプロセスについて整理します。

1．年齢にあわせた課題設定ついて

課題設定をするうえで年代ごとの段階にあわせる視点が重要です。幼児期・学齢前期の早期には、将来に必要な土台となる基本的な内容を幅広く設定して課題とします。しかし、学齢後期、移行期と、年齢が進むと将来に必要な機能的スキルの課題を中心として設定することが重要になってきます。また成人期になると、新たなスキルの獲得よりも、その時にもっているスキルを活用した活動の設定が重要になってきます。

さらに、早期ではさまざまな場面での般化よりも限定された場面でもよいので一人で自立することが課題になりますが、少しずつ年代を重ねるとさまざまな場面での般化が重要になってきます。

詳しくは、本章「7．ライフステージにあわせた課題・活動の設定」（38頁）で年代ごとの課題設定についての方向性を整理しています。

以上の視点を考慮して本章では、年代ごとに課題領域を整理しました（40頁・表10）。今回のプロセスの様式、「保護者・本人ニーズシート」「情報整理シート」「短期目標シート」「達成記録シート」には年代ごとの課題領域を項目としています。

2．「できている部分」「芽生え反応」「チャレンジ項目」からの課題設定

本書で紹介する課題の設定で重要な視点があります。それは「できている部分」「芽生え反応」「チャレンジ項目」から始めるということです。

■できている部分は発展

「できている部分」は、すでに達成している内容なので本来は課題にはなりません。しかし「できている部分」も発展させることで課題として設定できます。発展の仕方はいろいろ考えられます。たとえば、100ピースのジグソーパズルができるならば、次は300ピースに挑戦するのも発展です。また、異なった場面で自立する般化も発展といえます。量や質、耐性、般化などを「できている部分」から考えて発展させます。

■芽生え反応はそのまま課題

「芽生え反応※」とは、気づき始めている部分、もう少しでできる部分を指しています。この「芽生え反応」は、それ自体で課題になります。短期目標をたてるうえで、日常生活や設定されたアセスメント場面の中で、本人が気づいている、もう少しでできる部分を見つけ出して課題にしていきます。

※「芽生え反応」とはTEACCH自閉症プログラムで開発されたPEP3やTTAPのフォーマルアセスメントやインフォーマルアセスメントの評価基準です。本書でも評価基準として活用しています。

■チャレンジ項目は細分化

「保護者ニーズシート」で聞き取りをした保護者の願いの中には、時には本人の実態とあわないものがあります。また、将来を考えると指導したいのだけれども、ハードルが高いという内容が出てきます。その内容を「生活デザイン思考の支援計画」では「チャレンジ項目」と呼んでいます。

この「チャレンジ項目」を、そのままの状態で課題にすることは困難です。そこで、「チャレンジ項目」を細分化します。細分化とは1つの課題をいくつかのステップやスキルに分けることです。「チャレンジ項目」は細分化したものの中から課題を考えていきます。以下にチャレンジ項目の細分化の例を提示しますので、参考にしてください。

表4　さらに細かい工程に分ける

チャレンジ項目（例）	細分化項目→課題（例）
石鹸で手を洗う	手を水でぬらす
	手に石鹸をつける
	泡立てる
	手のひらを洗う
	手の甲を洗う
コピー機に原稿をセットする	コピー機のフタをあげる
	用紙をあわせる
	紙を置く
	フタをしめる

表5　必要なスキルを書き出す

チャレンジ項目（例）	細分化項目→課題（例）
コップでうがいをする	コップに水を入れることができる
	水を口に含むことができる
	5回ゆすぐことができる
コピー機で印刷する	1枚ずつ原稿をとる
	コピー機に原稿をセットする
	コピー機に用紙を補充する
	印刷されたものを指定の場所に置く
	紙を置く
	フタをしめる

表6　必要な概念（理解）を書き出す

チャレンジ項目（例）	細分化項目→課題（例）
色を塗る	線の枠で範囲を理解
	面の理解
	隅々の理解
	塗ってない部分がなくなるまで塗る
コピー機に原稿を置く	用紙の縦向き、横向きの理解
	原稿の大きさを理解
	書いてあるサイズを理解
	用紙を線にあわせる
	フタをしめる

本章で紹介する『情報整理シート』では「できている部分」「芽生え反応（もう少しできる）」「チャレンジ項目」の３つの視点でアセスメントできるようになっています。まず、実態を課題領域ごとの情報整理シートに書き出して、いくつかの課題のリストを作成します。

3．優先順位をたてよう

　「できている部分」「芽生え反応」「チャレンジ項目」からいくつかの課題を情報整理シートに書き出します。しかし、それら全部を課題にすることは、本人にとって大きなハードルとなります。
　そこで課題の重要度にあわせて優先順位をつけます。優先順位をつける時の視点は、次の３つです。

a　保護者や本人の要望が強いもの

　保護者や本人の要望が強いものは、言い換えると保護者や本人が注目しているものです。そこで優先順位は高くなります。また、保護者や本人の要望から始めることは、信頼関係をつくるうえで重要な視点になります。
　保護者の要望を優先順位に生かすためには、普段からの保護者とのコミュニケーションが重要になります。また、保護者の課題に対する考えや要望をまとめた「保護者・本人ニーズシート」を活用します。このシートを分析して、課題に優先順位をたてる時の参考にします。

b　現在と将来の生活上の重要性

　本人の現在の生活との関連性の度合によって優先順位をつける視点は重要です。また、現在の生活だけではなく、将来の生活を意識することも大変重要です。現在と将来の生活を考えたうえで、重要度の高い課題は優先順位が高くなります。
　その時に参考にするのが「生活デザインシート」です。「生活デザインシート」には、現在と将来の生活イメージが視覚化されていて優先順位の参考になります。また年間キャッチフレーズは、今年１年間の方向性がわかるので優先順位の参考になります。

c　達成の可能性が高いもの

　達成の可能性が高いものは、言い換えればハードルが低いものです。小さなハードルをスモールステップで越えることが幅広い内容の自立につながります。
　達成しやすいものを課題にすることによって、連続した本人の成功体験の積みあげにつながります。また、本人にとっても、保護者にとってもうれしい成功体験の繰り返しになっていきます。

「情報整理シート」では、書き出した課題のリストに優先順位を書き込む欄があります。ここに1から順番に優先順位を書き出したり、◎○などの記号を高いものに記したりします。1つの課題領域から優先順位の高い2～4つの課題は、そのまま短期目標シートに記入するようになります。

4．課題を達成するための支援

　一つひとつの課題は本人がまだ達成していない部分です。達成することを難しくしている弊害がある場合もあります。一つひとつの課題は、その課題を達成するためには何が弊害になっているのか、それを取り除くのにはどのような支援や指導が必要なのかの方向性を明確にしていきます。

　「情報整理シート」では、課題を達成するためにハードルとなる本人の特性などを書き込むことで、一つひとつの課題の支援の方向性を書きとめることができるようになっています。

　「情報整理シート」で書き出し、優先順位をたて、短期目標にあげた課題の一つひとつに関しては、『フレームワークを活用した自閉症支援』で紹介した「自立課題シート」「氷山モデルシート」などのフレームワークシートを活用して、具体的な支援計画を別にたてることを推奨しています。

表7　短期目標に対応したフレームワークシートの活用例

課題領域	自立課題	複雑な活動・工程のある活動	行動支援
課題の例	・色の分類、形の分類 ・ブロックの組み立て ・歯磨きができる ・「得意」と「苦手」を表で整理する	・いろいろな分類 ・お風呂に入る ・掃除機をかける ・テーブル拭きをする ・面接の時のポイント	・おもちゃからの切り替え ・衝動的な行動の軽減 ・破壊行為の軽減 ・不適切な言動の軽減
活用するフレームワークシート	自立課題シート　等 記入例：51頁	自立課題アセスメントシート　等 記入例：60頁	氷山モデルシート　等 記入例：109頁

5．モニタリング

　短期目標のモニタリングでは、達成の状態にあわせて短期目標シートの評価の欄にP（できた）、E（もう少しだった）、F（できなかった）の3段階で評価を行います。また、課題の中で実施が難しかったものには「未実施」と記載します。

　モニタリング時の評価を明確にする重要なプロセスは、課題を設定する時に「P（できた）、E（もう少しだった）、F（できなかった）」の3つで評価ができる内容にしておくことです。

　モニタリングでは、その達成を確認する機会も具体的に設定する必要があります。

短期目標のモニタリングの期間は3か月～6か月で、達成の確認は1週間～1か月の間に計画的に実施します。達成の確認に関しては、自立度チェックシート※を活用して、課題にあわせて機会を設定して自立の度合いを確認します（自立度チェックシートでの効果測定）。

※自立度チェックシートとは、『フレームワークを活用した自閉症支援』で紹介した達成度合いを確認するシートです。

6. 短期目標作成の実際

●必要な準備

このプロセスには事前の準備が必要になります。

ひとつは、課題領域※を年齢と事業所（学校）の実態にあわせて考えます。本書では幼児期・学齢期の課題領域、学齢後期・移行期の課題領域の入った形式を掲載しています。付属のCD-ROMのデータを活用して、領域を整理・調整してください。課題領域に関しては学校・事業所で検討し変更してもかまいません。

また、本人の課題のアセスメントを実施する1対1のエリアでの場所と時間の設定が必要になります。課題のアセスメントは、1対1のエリアでのアセスメントを中心として、日常の生活場面全般で実施します。

※課題領域は、各年代にあわせた課題の分野になります。本書では、早期教育の課題領域、成人期への移行期の課題領域、成人期の課題領域の3つの時期で課題領域の整理をしました。しかし、課題領域については、年代別の課題の方向性を参考にして、事業所や地域の事情にあわせて調整してかまいません。

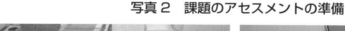

写真2　課題のアセスメントの準備

領域を決めてアセスメントの材料を準備　　　　　1対1のエリアで実施する

★詳しいアセスメントの設定は『フレームワークを活用した自閉症支援』の84～91頁の「自立課題のアセスメントの実際」「スタートセッションについて」を参考にしてください。

●手順と解説

①保護者へのインタビューを実施する

インタビューでは「保護者ニーズシート」を活用して実施します。各年代の「保護者ニーズシート」があり（幼児期・学齢期の課題領域、学齢後期・移行期の課題領域）、

その課題領域ごとに聞き取りをします。以下は、聞き取りの例です。
- a) 「できていること（活動）」はありますか？
- b) 「やろうとしていること（活動）」はありますか？
- c) 本人にできるようになってほしいことはありますか？
- d) 本人の行動で気になる行動、やめてほしい行動はありますか？
- e) 自由時間はどのようにすごしていますか？
- f) 家庭の中で、本人の役割やお手伝いしていることはありますか？

記入例　保護者ニーズシート

利用者氏名	Fさん（5歳）　／　お母さん		
記入年月日	○年○月○日	聞き取り者：	水野　敦之

年間キーワード：終わりとはじまりの習慣を身につけよう。できる部分ともう少しを発見しよう！			
	保護者のニーズ（聞き取りで記入する）	その課題が難しさの理由と思われる点	優先順位
自分で活動する（行動管理）	・好きな活動の時に切り替えが難しいので、切り替えができるようになってほしい ・自分の物を片づけてほしい	・こだわりが強い ・よくわかっていない	1 3
生活する（身辺自立・生活スキル）	・着替えが一人でできるようになってほしい ・靴を左右間違えることがある	・教えても自分でやろうとしない ・集中力がない	2 7
体を使う（微細・粗大運動）	・キャッチボールができるようになってほしい（父の願い） ・ハサミが器用に使えない ・○はどうにかかけるが、□と△は難しい	・投げるのはできるけど、届かない、受けることは難しい ・不器用である	5 6
学　習（概念・教科について）	・個数をわかってほしい ・数字のマッチング ・絵や写真を理解してほしい	・まだ難しいのかもしれない	4 8 9

※153頁にニーズ内容の解説と記入例を掲載しています

　　保護者の評価の中には本人の実態とあわない内容も含まれます。その内容についてはチャレンジ項目で細分化した内容を保護者に提案します。保護者が実態とはあわない要望をもっていてもポジティブにその要望を活用できるのが、この情報整理シートのよい部分です。

②活動、個別のセッションでアセスメントを実施する

　　支援者は、さまざまな課題領域のアセスメントを実施する必要があります。アセスメントは日常の観察ではなく、支援者が実際に本人と1対1の場面を設定して、実際に時間を決めてスケジュールで本人に視覚的に伝えて実施します。
　　時間をつくって、さまざまな材料を活用して、幅広い内容のアセスメントを実施します。
　　日常生活場面でのアセスメントでは、本当に本人が理解して実施しているのか、ただ周囲の状況判断でできているようにふるまっているだけなのかを注意深く観察して

評価します。

　活用するシートは『フレームワークを活用した自閉症支援』で紹介した「自立課題アセスメントシート」です。『課題目標』の欄に領域名（例：遊び・余暇）を記入し、「項目（工程・活動　等）」の欄にアセスメント内容（例：シャボン玉、ミニカー、電車、人形の組み立てなど）を書き出してアセスメントを実施します。

　評価基準は「できる」「芽生え反応」「できない」です。その時の本人の様子も「活用できるスキル」「課題・支援の必要性」の欄に記入します。

写真3　課題のアセスメント場面

幼児期の遊びの領域のアセスメント

職業スキル領域のアセスメント

 **記入例　自立課題アセスメントシート**

課題目標：算数前段階					No.　　氏名：Kさん　　日付：○年○月○日　　記入者：水野敦之		
	項目 （工程・活動　等）	P	E	F	活用できるスキル	課題・支援の必要性	課題・支援の方向性
1	プットイン	✓			プットインの活用		プットインの活用
2	1対1の対応	✓			1対1のイメージもっている	容器にぴったり入れたい	1対1の対応の活用
3	個数を数える （10個まで）		✓		先生が指で手伝えば数えることができる。イメージはある	材料を整理しながら数えることが難しい	整理統合のある課題
4	個数を準備		✓		先生が指で手伝えば数えることができる。イメージはある	自分で整理しながら準備することが難しい	整理統合のある課題
5	個数と数字をあわせる			✓		数字を個数のイメージではもっていない	
6	数字のマッチング	✓			マッチングできる		活用できる
7	数字の順序性 （10まで）			✓		順序性のイメージはない	

③情報整理シートを活用して実態から課題を考える

①②の内容をまとめて「情報整理シート」に現状を書き出します。

「できている部分」「芽生え反応（もう少しでできそうなこと）」「チャレンジさせたいこと」の3つで整理して書き出してみます。その書き出した実態から次の表を参考にして、発展させたり細分化したりして課題内容を書き出します。

表8　課題設定の方法

現状の評価	課題内容への指針	現在の状態・評価の例	例を発展させた課題目標
できている部分	発展させる	100ピースのジグソーパズル	150ピースのジグソーパズル
		おやつ場面で要求	食事場面で要求
芽生え反応	そのまま課題にする	5cmの幅の紙をハサミで切る	5cmの幅の紙をハサミで切る
		ケース(B23)の組み立てができる	ケース(B23)の組み立てができる
チャレンジ項目	細分化して1つを課題にする、または本人にあわせた視点にする	テーブル拭きができる→	A4サイズ・ホワイトボード拭きで隅々を拭く
		指定された金額を財布から出す	多めの硬貨、お札を出してお釣りをもらう

④その課題を達成するのに弊害となっている部分、指導・支援の方向性を書き出す

③で出した課題内容を自立するのに弊害になっている部分、指導・支援の方向性を書き出します。ここで書き出すものは大まかな方向性になります。課題達成のための詳細の計画は、その他のフレームワークシートを活用しますので、ここであまりに細かい計画は必要ありません。

⑤優先順位をつける

「情報整理シート」で書き出した課題に優先順位をつけて課題を書き出します。順位のつけ方は、数字をつけてもかまいませんし、いくつかに◎○などの印をつけてもかまいません。各領域の課題の中から上位3～4つを短期目標シートに記入します（学校・事業所ですでに決まっている短期目標の様式に反映するという方法でもかまいません）。

⑥実践からモニタリング

3か月～6か月の期間の中で指導を進めます。指導およびそれを補う支援に関しては、「自立課題シート」「氷山モデルシート」などのフレームワークシートを活用します。効果測定に必要な時間を設定し、1週間～1か月程度の中で自立度チェックシートを活用し、達成度合いを確認します。

記入例 情報整理シート

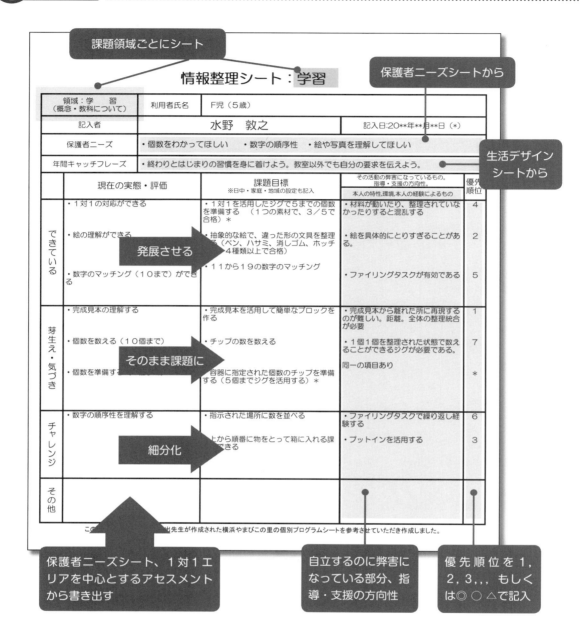

表9 短期目標への記入例

	課題目標	P	E	F	モニタリング記録
学習 (概念・教科について)	完成見本を活用して簡単なブロックをつくる				
	抽象的な絵で、違った形の文具を整理する（ペン、ハサミ、消しゴム、ホッチキス、4種類以上で合格）				この部分は課題の指導後のモニタリングで評価します
	上から順番に物をとって、箱に入れる課題ができる				
	1対1を活用したジグで5までの個数を準備する（1つの素材で、3／5で合格）				

表10　達成度合いの確認表

課題内容	チェック欄				評価
	6/6	6/9	6/11	6/13	
完成見本を活用して簡単なブロックをつくる	M	G	+	+	P
抽象的な絵で、異なった形の文具を整理する（☐ペン、☑ハサミ、☐消しゴム、☑ホッチキス、4種類以上で達成）	V	+(1)	+(2)	+(2)	E
上から順番に物をとって、箱に入れる課題ができる	M	G	G	G	E
1対1を活用したジグで5までの個数を準備する（1つの素材で、2／4で達成）	G	+	+	+	P

＋：正確にできる　　－：正確にできなかった　　　　V：口頭指示　　　G：ジェスチャー
M：見本の提示　　　P：手を添えて教える　をチェック）

結果は短期目標シートに記入して、以下の視点で次の指針を書き出します。

【できる】…達成日を記録する（本書では達成した項目をまとめる達成記録シートがあります）

【芽生え反応】…課題の再構造化・再設定、評価基準の見直し

【できない】…本人にとってハードルの高い課題として、課題の再設定を情報整理シートの活用で実施する

　**短期目標シート**

	課題目標	P	E	F	モニタリング記録
学　習（概念・教科について）	完成見本を活用して簡単なブロックをつくる	✓			6/13で達成
	抽象的な絵で、違った形の文具を整理する（ペン、ハサミ、消しゴム、ホッチキス、4種類以上で達成）		✓		ペン・ハサミはできている
	上から順番に物をとって、箱に入れる課題ができる			✓	自分が注目したところから取ってしまう。細分化して課題の再検討
	1対1を活用したジグで5までの個数を準備する（1つの素材で、3／4で達成）	✓			6/13で達成

　本書では情報整理シートに慣れるまでの簡易版のシートとして「すてっぷ計画シート」を掲載します。「情報整理シート」と「すてっぷ計画シート」の大きな違いは、領域別で計画をするか全体で計画をたてるかの違いです。手順はほぼ同等のプロセスになります。活用される人のスキル、事業所の実態や使いやすさにあわせて使い分けてください。

記入例 短期目標シート

利用者氏名	Fさん（5歳）					
記入年月日	2014年6月20日		記入者名	水野　敦之		

年間キャッチフレーズ：

	課題目標	※園	※家	P	E	F	モニタリング記録
自分で活動する（行動管理）	・終わりボックスの提示で終ることができる（おもちゃエリアで）	○			✓		強く興味をもっているおもちゃで切り替えが難しい（遊び以外の場面で終わりボックスの活用を検討）
	・朝の会の活動の時に「待ちます」のカードで3分以上待つことができる。	○		✓			6/11で達成
	・スケジュールで追加の指示を理解して活動に移れる（5回の機会で2回以上支援なしでできる）	○		✓			5回の機会で4回できている・1回はモデルでしめす。（6/13）
生活する（身辺自立・生活スキル）	・着替えで脱いだ物をカゴの中に入れることができる		○	✓			家庭で設定の仕方を検討する
	・上着の袖を通して手をだすことができる（左右）	○		✓			6/11で達成：上着を着る流れは今回で自立：前後ろの確認が課題
	・ズボンを履く（ステップ2：膝から上まで上げる）	○		✓			6/10で達成：情報整理シートで次のステップを確認
体を使う（微細・粗大運動）	・枠の中をクレヨンで塗りつぶすことができる（全体の3分の2以上が塗りつぶせていれば達成）	○		✓			6月12日達成
	・箸で3センチ以上の柔らかいものをつまむことができる（学習場面で設定・1回に10個でできれば達成）	○			✓		継続課題：5回の自立確認で平均8個
	・2メートル離れた目標（大きなバスケット）に向かってボールを投げていれる（5個中3個入れば達成）	○			✓		5個中2個入る。バスケットの入り口のイメージがない。再構造化
学習（概念・教科について）	・完成見本を活用して簡単なブロックをつくる	○		✓			6/13で合格
	・抽象的な絵で、違った形の文具を整理する（ペン、ハサミ、消しゴム、ホッチキス、4種類以上で達成）	○			✓		ペン・ハサミはできている
	・上から順番に物をとって、箱に入れる課題ができる	○				✓	自分が注目したところから取ってしまう。細分化して課題の再検討
遊び・余暇	・砂場で15分間過ごせる（促しが3回以内で達成）	○			✓		10分程度は過ごせる。具体的な活動が必要では、砂場遊びのアセスメントの実施が必要
	・ミニカーコースで遊ぶことができる（5つのミニカーを走らせたら終わり）	○		✓			
	（余暇のアセスメント　5種類実施）	○		✓			6/10アセスメント実施：P＝2つ、E＝4つ 情報整理シートに記入
コミュニケーション	・3メートル離れている先生に要求（勉強場面。3つの機会設定で2回以上で達成）	○			✓		4回の機会の設定で2回できている 機会の設定も含めて再検討
	・おやつの場面で大きい・小さいの属性を入れて要求ができる（5つの機会で3回以上の要求があれば達成）	○		✓			5回の機会で5回できている
	・欲しいおもちゃ2つと、嫌いなおもちゃ2つの中から好きないおもちゃカードで伝える	○			✓		選ぼうとはしているが、混乱している 選ぶ数をすくなくするなどの再調整
対人行動	・先生の隣で朝の会に一部分参加することができる	○		✓			6月13日達成
	・1つの机で他児一人と違う活動を経験をする（次期モニタリングまでに8回以上で達成）	○		✓			継続課題（現在5回の実施）

※園：園での課題　※家：家庭での課題

 **すてっぷ計画シート**

日付： 年 月 日　　氏名：Fさん（5歳）

●アセスメント実施状況

□スタートセッション（　／／，　／／，　／／）		
□フォーマルアセスメント	実施日	要約

●行動所見

見たものに強く反応したり、衝動的に使ったりする場面が見られた。頻繁ではないが、時々転動的に注意が実際の活動以外に引っ張られて離籍や場所から離れることが観察される

●課題の指導・支援計画

	現在の実態・評価	課題目標	指導・支援の方向性
できている部分	・プットイン、1対1の対応 ・簡単な10ピースぐらいのパズル ・色チップのマッチング ・おやつ場面での特定のお菓子の要求（A先生以外はできないこともある）	・30ピースの形のはっきりしたパズル ・3種類の別の素材での色のマッチング ・おやつの場面でB先生に要求	・他の課題にプットイン、1対1を活用 ・最初は材料を表にして並べる ・場面設定はA先生の時と一緒
芽生え反応	・完成見本（3部品） ・箸の利用 ・おもちゃエリアでの絵カードの要求 ・3〜4人でのプレイエリアの利用	・完成見本を見てアニメの人形の胴体に手と足と目を付ける ・箸でスポンジのチップを20個容器に入れる ・おもちゃエリアでA先生に要求する（5場面中3回） ・3〜4人で接近の設定で15分程度過ごせる	・他の部品はつけておく。材料がなくなったら終わりの設定 ・プットインを活用する ・必要な材料がない設定 ・自立している遊びを設定する
チャレンジ	・具合が悪い時に伝える ・順番が守れる ・着替えを自分でできる	・シンプルな設定で「手伝って」の要求 ・手だてのある交代の経験（アセスメント実施） ・最後のズボンを上げる部分を自立	・1対1の勉強の課題の中で「手伝って」が必要な状況を設定しておく ・材料の容器をバトンのように使用する ・少しずつ上げる距離を広げていく

	現在の実態・評価	支援の方向性
支援の必要性	・具体物や写真を具体的にとってしまう ・課題の中でも、課題には関係のない情報に注目しすぎて期待された意味をつかめないことがある ・材料や道具、空間が整理されていないと課題に注目することが難しく、課題の意図がつかめない	・状況に応じて写真・絵で情報を伝える ・たくさんの情報をいっぺんに伝えない ・影響をあたえている刺激の統制。明確な指示。注目を助ける習慣化の活用 ・材料や道具を容器に入れて整理して提示する ・課題は一体型の課題、またはファイリングタスクの設定で実施する

総合所見：
関係のない物、特に色や印などに注目しすぎて、新しい課題への注目が難しいことがあります。現在の年齢を考えると、さまざまな刺激を無視することよりも、課題そのものに注目することが重要になります。関係のない部分は無視できる状況を整えることが重要です

7. ライフステージにあわせた課題・活動の設定

　自閉症の人に対しての課題設定はライフステージにあわせることが重要です。「幼児期・学齢前期」「学齢後期・移行期」「成人期」の年代ごとに、本人の状態、生活の状態、環境の変化、周囲からの期待などよって課題の設定を変えていきます。ここでは、ライフステージごとの課題・活動の設定に関して解説していきます。

a 幼児期・学齢前期の課題

■課題の設定と般化

　幼児期・学齢前期は将来の基盤となる基礎概念、日常生活の動作、社会性、コミュニケーション、微細・粗大運動、余暇などの基礎的な内容をできるだけ幅広く身につけることを課題とします。

　しかし、課題の幅を狭くしたり、文脈（状況）に依存した機能的スキルばかりを設定したりすると、将来に必要なスキルへの応用にはつながらず、偏った状況に依存したスキル（道具や材料、場面が変わるとできないスキル）になってしまいます。

　また幼児期では、無理に般化を進めるのではなく、1つの場面でしっかりと自立し、自立した内容を限定された場所で般化するステップを繰り返す時期です。

■計画的に幅広い概念を教える

　さまざまな概念を将来応用的に活用するには、柔軟性のある概念学習が必要になります。たとえば色のマッチングは、同じ形のチップのマッチングばかりを繰り返すのではなく、いろいろな物でマッチングし、混在しても色の指示でマッチングできることを目指します。1つの物は、形、色、素材、用途とさまざまな属性が付随しています。さまざまな属性を活用したり無視したりして応用的な概念の学習につなげていきます（たとえば、色に注目して分類したり、色を無視して用途で分類したり）。

　そこで、幼児期・学齢期の課題設定では、計画的に素材を変えたり、指示を変えたり、材質を変えたり、違いの気づきを設定したり、参照を取り入れたり、具体的に計画して設定に変化をもたせることが必要になります。

写真4　将来の柔軟さにつながる課題の設定の例

計画的に指示や素材を覚える

小さな違いに気づく

似通っている・仲間で分ける

■興味・関心の広がりと活用

　幼児期・学齢前期は、興味・関心のあるものに強く注目します。興味・関心のないものに注目することは困難です。幼児期から興味・関心のないことに無理に注目させるのではなく、興味・関心を活用して注目し、理解し、活動できる成功体験を積み重ねることが大切になります。

■成功体験を基本とする

　自閉症の人は、長期記憶の特性から経験した記憶を消すことができません。そのために幼児期・学齢前期に経験したことが将来に大きく影響します。失敗経験の積み重ねではなく、成功体験の積み重ねによって、将来の土台づくりをすることが大切です。

　幼児期・学齢前期では、判断したり、分析したりする部分が未熟な時期です。自閉症の特性からさらにさまざまなことを整理して考えることができません。そのことからも失敗経験※から学ぶよりも、シンプルに成功体験を積み重ねていくことが効果的な学びにつながります。

※失敗経験をさせるかさせないかは、本人の障害の状況によります。失敗を取り入れる人もいれば失敗を少なくしたほうがいい人もいます。

■繰り返しを活用した学び

　定型発達児は、幼児期・学齢前期に学ばなくてはいけない部分を自然な活動の中で気づき、学んでいきます。しかし、自閉症児は、自然な活動の中で気づいたり、学んだりすることが注目の困難さなどの特性から困難です。そこで、幼児期・学齢前期では、社会性やコミュニケーション、さまざまな内容に関して、計画的に設定して学ぶ機会をつくる必要があります。

　視覚的な媒体を活用した学びも有効ですが、自閉症の人の得意な繰り返しを活用することが有効です。繰り返しのある機会の設定、さらにさまざまな題材によって応用的な事例を深めることが重要です。

写真5　繰り返しを活用した学びの例

スプーンの練習　　　ひも結びの繰り返しの練習　　　さまざまな要求の機会

■将来に備えた基本習慣

「幼児期・学齢前期」「学齢後期・移行期」のそれぞれの年代で、将来を意識した基本習慣は優先順位の高い課題になります。以下に、いくつかを紹介します。本人の課題を考える時に、また優先順位をたてる時に参考にしてください。

表11　将来の自立に向けた課題設定と基本習慣

時期	【幼児期・学齢期前期】	【学齢期後期・移行期】
	将来に向けての基本となる内容 （個別の特性をつかんだうえで）	将来の生活に必要な機能的なスキルが中心 （個別の特性、将来像をつかんだうえで）
課題内容	幅広い概念学習 日常生活の基本（動作） 行動管理 受容・表出コミュニケーション 社会的な気づき 遊び など ※機能的スキルの活動はリアリティを追及しないで（たとえばやり方や道具を本格的にしなくてもよい）、基本となる内容の題材として実施する	職業生活に必要なスキル（職業スキル・職業行動など） 居住生活に必要なスキル（生活スキル・家事スキル・健康安全など） 対人行動・コミュニケーション 余暇生活に必要なスキル 地域活動、文化的な活動　　など ※基本的内容（概念等）は、機能的な活動（実際の活動）の中で教えたり、抽出して教えたりする
自立・般化のエリア	基礎となるものをひとつの場面でいいので、ていねいに自立を目指す（無理に般化を進めない） 場面の般化よりも素材や指示の内容など、状況が変わっても自立的に課題に取り組むことを重視する	さまざまな場所、地域での般化を意識した自立を目指す ・学校、事業所内での様々な場面 ・地域での活動 ・現場実習先、職場での自立　　など
重要項目	まずは○○、次は△△（終わりの理解） スケジュール等の理解（変更の理解） 基礎概念・スキル 身辺自立 表出・受容コミュニケーション 興味・関心、余暇 （41～44頁タスク計画シート参照）	職業スキル、職業行動、自立機能、余暇スキル、機能的コミュニケーション、対人関係 さまざまな生活上の管理（健康、衛生、金銭など） 将来のジョブマッチング、生活マッチングをイメージする さまざまな場面での自立 応用的な場面でのスキルの活用 （54～55頁タスク計画シート参照）
将来に備えた基本習慣	□要求・ヘルプのコミュニケーション □終わり □まずは○○、次は△△ □日課や活動の指示に従う □1対1のエリアで人から教えてもらう □一人で活動（勉強・余暇）をする □人から身体的に接触される習慣（健診・治療のステップ） □相談する 　・自分の気にしていることを話す 　・自分がわからないことを教えてもらう □待つ □やってはいけないことを指示で終わる □通院 □リラクセーションの方法　　　　　　　　など	□要求・拒否・注意喚起などの基本のコミュニケーション □自分に起こったこと、状況を説明する □情報提供・情報請求 □感覚刺激を回避する自己防衛、自己調整 □変更や修正に従える □課題や活動の指示に従う □さまざまな道具を活用する □道具や材料を準備する □道具や材料を指定された場所に片づける □活動の中で、または後でフィードバックを受け入れる □一人で活動（勉強・余暇） □通院や健康などのアドバイスを受けること □自分の考え方を話す（相談） □人の考え方を聞く、参考にする（相談） □客観的な情報を参照する □「禁止」や「待つ」の指示に従う □リラクセーションの方法をもつ　　　　　　　　など

表12 タスク計画シート（幼児期・学齢前期の課題例）

課題・内容：基礎概念	アセスメントの情報	課題を見てわかりやすく設定する
プットイン	●活用した強みは？ ・材料を横に動かすことができる	●見てわかりやすく指示する（視覚的指示） ・プットインの指示
	●課題は？ ・穴の中に材料を入れる	●整理した状態で提示する（視覚的整理統合） ・全体が一体型になっている ・材料が出ないようにしている壁
	●ニーズは？ ・目と手の協応が難しい ・課題全体の整理	●指示や材料を明瞭化する（視覚的明瞭化） ・はっきりした材料の色
形の分類	●活用した強みは？ ・線画・形のマッチングができる	●見てわかりやすく指示する ・線画（形）の指示
	●課題は？ ・2種類の材料（形）の分類（色を無視する）	●整理した状態で提示する ・全体が一体型になっている ・材料が1つにまとまっている
	●ニーズは？ ・課題全体の整理 ・注目の困難さ	●指示や材料を明瞭化する ・はっきりした材料の色
色の分類	●活用した強みは？ ・色の意味はわかる	●見てわかりやすく指示する ・色の指示
	●課題は？ ・さまざまな色のある材料を色で分ける	●整理した状態で提示する ・ファイルで一体型の課題設定になっている ・材料の部分、分類の部分が面ファスナーをつかっている
	●ニーズは？ ・材料が混在して、動くと注目するのが難しくなる	●指示や材料を明瞭化する ・はっきりした材料の色
乗り物と食べ物	●活用した強みは？ ・絵の理解はある	●見てわかりやすく指示する ・食べもの・乗り物のそれぞれの絵カードで提示する
	●課題は？ ・「乗り物」「食べ物」を分ける	●整理した状態で提示する ・全体が一体型ファイルになっている ・材料が面ファスナーで固定されている
	●ニーズは？ ・材料を整理しながら進める ・注目の困難さ	●指示や材料を明瞭化する ・材料の部分と分類する部分の色のコントラスト
形の分類	●活用した強みは？ ・形だけの指示だとわかる	●見てわかりやすく指示する ・形の指示
	●課題は？ ・色があると形の指示に注目が難しい	●整理した状態で提示する ・全体が一体型になっている
	●ニーズは？ ・材料の整理統合が難しい ・自分の入れたチップに引っかかる	●指示や材料を明瞭化する ・入れる部分を黒でハイライトしている ・入れたチップが見えなくなり、取れない

※視覚的構造化（視覚的指示・視覚的整理統合・視覚的明瞭化）はTEACCH自閉症プログラムの構造化された指導のひとつです。

表 13 タスク計画シート（幼児期・学齢後前期の課題例）

課題・内容：基礎概念	アセスメントの情報	視覚的構造化
すくない・ふつう・おおい	●活用した強みは？ ・ひらがな文字が読める	●見てわかりやすく指示する（視覚的指示） ・ひらがなの「すくない」「ふつう」「おおい」の指示
	●課題は？ ・3枚のカードを判断して、「すくない」「ふつう」「おおい」に分ける	●整理した状態で提示する（視覚的整理統合） ・全体が一体型になっている ・何回かの課題がめくり式でセットされている
	●ニーズは？ ・材料や道具の整理の困難さ	●指示や材料を明瞭化する（視覚的明瞭化） ・カードの色のコントラスト
磁石につくとつかない	●活用した強みは？ ・絵の理解、色の理解がある	●見てわかりやすく指示する ・絵の指示
	●課題は？ ・磁石でくっつくものと、くっつかないものの理解。自分で実験をすすめる	●整理した状態で提示する ・材料がまとまって整理されている ・テンプレートを使って材料や容器を準備する
	●ニーズは？ ・材料や容器の整理統合が難しい	●指示や材料を明瞭化する ・容器の中が白くて材料がわかりやすい ・黒い容器で境界を明瞭にしている
大小の分類	●活用した強みは？ ・ひらがな文字の理解 ・絵の理解	●見てわかりやすく指示する ・シンボルと文字での指示
	●課題は？ ・2つの絵を判断して、絵の大きさで分類する	●整理した状態で提示する ・全体が一体型になっている ・何回かの分類の課題をめくり式で提示
	●ニーズは？ ・材料の整理統合が難しい ・注目の困難さがある	●指示や材料を明瞭化する ・はっきりした材料の色
顔をつくる	●活用した強みは？ ・絵の理解、絵・形のマッチング、上下の理解	●見てわかりやすく指示する ・顔の指示、文字の指示、面ファスナーの位置
	●課題は？ ・顔の部位の配置	●整理した状態で提示する ・全体が一体型になっている ・材料が分かれている
	●ニーズは？ ・材料の整理統合が難しい	●指示や材料を明瞭化する ・課題・材料が白で、背景が紺になっている
上下左右	●活用した強みは？ ・文字の理解、シンボル・形の理解	●見てわかりやすく指示する ・文字の指示、毎回材料、指示を変える
	●課題は？ ・上・下・右・左の理解	●整理した状態で提示する ・全体が一体型になっている ・面ファスナーで材料が固定されている
	●ニーズは？ ・1つの場面で学んでも、それを応用することが難しい	●指示や材料を明瞭化する ・なし

※視覚的構造化（視覚的指示・視覚的整理統合・視覚的明瞭化）はTEACCH自閉症プログラムの構造化された指導のひとつです。

表14 タスク計画シート（幼児期・学齢前期微細運動の課題例）

課題・内容：微細運動	アセスメントの情報	課題を見てわかりやすく設定する
容器の道具を入れる	●活用した強みは？ ・写真と具体物のマッチング	●見てわかりやすく指示する（視覚的指示） ・写真の指示
	●課題は？ ・ケースの蓋をはずす ・ケースに蓋をする	●整理した状態で提示する（視覚的整理統合） ・全体が一体型になっている ・容器が固定してセットされている
	●ニーズは？ ・材料、空間の整理統合	●指示や材料を明瞭化する（視覚的明瞭化） ・蓋の色が明瞭なものになっている
ファスナーをあける	●活用した強みは？ ・色のマッチングができる	●見てわかりやすく指示する ・ファスナーそのもの ・ファスナーのつまむ部分と、あけた先に色の指示
	●課題は？ ・ファスナーをあける	●整理した状態で提示する ・一体型になっている ・ファスナーが固定されている
	●ニーズは？ ・課題全体の整理 ・注目の困難さ	●指示や材料を明瞭化する ・ファスナーの黒い色、背景の白い色のコントラスト
魚をはずしてプットイン	●活用した強みは？ ・プットイン（興味がつよい）	●見てわかりやすく指示する ・プットイン（外して入れる）
	●課題は？ ・力を維持して物を外す ・向きを変えながら外す	●整理した状態で提示する ・一体型になっている
	●ニーズは？ ・整理統合の困難さ ・注目の持続の困難さ	●指示や材料を明瞭化する ・プットインの場所が赤い
人参抜き	●活用した強みは？ ・写真と具体物のマッチング	●見てわかりやすく指示する ・引っ張り抜いた人参を入れる部分に写真を貼る
	●課題は？ ・瞬間に力を入れて引っ張る	●整理した状態で提示する ・一体型にする ・材料が固定されている
	●ニーズは？ ・材料の整理統合	●指示や材料を明瞭化する ・人参の色と本体の色のコントラスト
粘土の型抜き	●活用した強みは？ ・写真の理解、形のマッチング	●見てわかりやすく指示する ・粘土を広げる範囲 ・写真による手順の指示 ・型はめそのもの、形のマッチング
	●課題は？ ・粘土の型抜き	●整理した状態で提示する ・全体が一体型になっている ・型はめと完成品入れが分かれている
	●ニーズは？ ・材料の整理統合 ・空間の整理統合	●指示や材料を明瞭化する ・写真の手順が立ててある ・形のマッチングの色

※視覚的構造化（視覚的指示・視覚的整理統合・視覚的明瞭化）はTEACCH自閉症プログラムの構造化された指導のひとつです。

表 15 タスク計画シート（幼児期・学齢前期課題事例：その他）

課題・内容：その他	アセスメントの情報	課題を見てわかりやすく設定する
線を引く	●活用した強みは？ ・鉛筆は使える	●見てわかりやすく指示する（視覚的指示） ・点と点を結ぶ指示 ・まっすぐ引くためのゲージ
	●課題は？ ・点から点を結ぶ	●整理した状態で提示する（視覚的整理統合） ・ファイリングの課題になっている ・鉛筆が面ファスナーで固定さている
	●ニーズは？ ・道具等の整理統合の困難さ	●指示や材料を明瞭化する（視覚的明瞭化） ・ゲージの色と紙の色のコントラスト
道具の準備	●活用した強みは？ ・絵を理解している ・完成見本の理解	●見てわかりやすく指示する： ・入れる物の絵（毎回変えることができる） ・完成見本の絵（入れて箱に入れる指示）
	●課題は？ ・指示された物だけを袋の中に入れる	●整理した状態で提示する ・全体が一体型になっている ・材料が1つにまとまっている
	●ニーズは？ ・材料の整理統合 ・状況を判断して入れる物を考える	●指示や材料を明瞭化する ・課題全体が白色で材料とのコントラスト
ミニカー遊び	●活用した強みは？ ・印の意味がわかる ・ミニカーが好きである	●見てわかりやすく指示する ・ミニカーとレーンで活動がイメージできる ・ミニカーを置く場所 ・ミニカーがなくなったら終わり
	●課題は？ ・ミニカーを走らせるのを楽しめる ・遊びの終わりを知る	●整理した状態で提示する ・全体が一体型になっている
	●ニーズは？ ・材料の整理統合	●指示や材料を明瞭化する ・置く場所の明瞭化 ・全体の色と黒いレーンのコントラスト
種まき	●活用した強みは？ ・写真の指示（動作）の理解 ・1対1の対応ができる	●見てわかりやすく指示する ・種をまく場所のマーキング ・種をまく手順に材料を容器に入れて重ねる ・種のまきかたの写真の指示
	●課題は？ ・種まきの工程を進める	●整理した状態で提示する ・材料がすべて1つにセットされている ・材料を容器に分ける
	●ニーズは？ ・材料の整理統合 ・種まきを自分でイメージして進める	●指示や材料を明瞭化する ・種をまく場所の指示をはっきりとさせている
折り紙を三角に折る	●活用した強みは？ ・折り紙を折ることはできる ・形のマッチング ・実物の完成見本の理解	●見てわかりやすく指示する ・折り紙に折る部分とあわせる角に指示を入れる。折り紙を置く場所の指示 ・完成見本（実物）
	●課題は？ ・折り紙の隅々をあわせる	●整理した状態で提示する ・全体が一体型になっている ・材料が分かれている ・折り紙の大きさの容器で材料が動かない
	●ニーズは？ ・材料の整理統合 ・全体と細部の注目の困難さ	●指示や材料を明瞭化する ・折り紙を置く場所の紫と白のコントラスト ・折った物を入れる容器を赤でハイライトする

※視覚的構造化（視覚的指示・視覚的整理統合・視覚的明瞭化）はTEACCH自閉症プログラムの構造化された指導のひとつです。

事例1 保育所での環境設定の例：広島県にある保育所の実践 ［幼児期］

　広島県のある地域の保育所年長クラスには、さまざまなニーズをもつ子どもが在籍しています。刺激に影響を受けて活動に集中できなかったり、複雑な集団の中では新しい活動に注目したり理解することができなかったりする園児がいます。物理的に限られた教室の中で棚やテーブルの配置を工夫して環境設定をしています。

● グループ活動

朝の会や遊びなどのグループでの活動スペースです。活動の内容・状況によって、テーブルや椅子の設定を変えます。

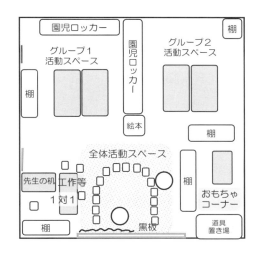

● 全体活動
・ゲームなどの集団活動
・出席者・1日の活動の確認

椅子を使って活動の境界を明確に

ボーリングをテーブルですることで、どんな子どももスタートラインや境界をイメージできる

● 1対1の勉強のエリア

新しい課題をアセスメントする場所であり、課題を教えてもらう場所です。時には、自分の気になっていることを教えてもらう相談の場所にもなります。

・1対1でのアセスメント
・1対1の学習
・少人数の工作などの活動

スケジュールなどの手だては全体と個別化の両方で準備する

● カーテンなどで刺激の統制

活動中に関係のない部分を無視できるようにカーテンで刺激を統制している

● おもちゃコーナー

視覚的な手立てを使って6人まで利用制限を教えている

   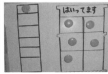

【1対1エリアの広がりと地域の支援体制】

　筆者がサポートしている広島県のいくつかの地域の保育所や幼稚園や早期支援「すてっぷ教室」モデルの中で、先生と1対1で勉強するエリアの活用が増えています。
　1対1エリアは、新しい活動をアセスメントしたり、クラス全体で活動する前に教えたりする場所です。設置する場所は教室に設定したり、別の教室（たとえば多目的室の一角をパーテーションで区切ったスペース）に設定したりしています。
　「すてっぷ教室」モデルは、乳幼児健診等でフォローされた発達に課題をもつ幼児や保育所等で気になる園児とその保護者への早期支援プログラムです。その教室の中では1対1のエリアでアセスメントに基づく支援を組み立てていきます。教室の中で1対1のエリアは、保護者にアセスメントと支援の様子を観察していただく重要なエリアになります。
　このように1対1のエリアでの取り組みが、地域の自閉症および発達障害児の地域支援体制につながりつつあります。

事例2 就学前の自立を念頭においた児童発達支援事業の環境設定

●社会福祉法人つつじ児童発達支援センターぐるんぱ［幼児期］

　児童発達支援センターぐるんぱは、児童発達支援事業・放課後等デイサービス・保育所等訪問支援をもつセンターです。就学前の幼児が通う児童発達支援事業では、幼児期の基礎となる内容の自立を目指して自立ブースと応用ブースの流れを基本に環境設定をしています。自立ブースで学んで自立したことを応用ブースで活用する設定です。

●1対1の勉強のエリア
課題をアセスメントして教えるエリア

●自立の勉強のエリア
自立エリアで一人でできることが自立の第一歩

●先生と遊びのエリア
先生と1〜3人の園児が一緒に遊ぶエリア

●一人で遊びのエリア
自立している遊びを一人で遊ぶエリア

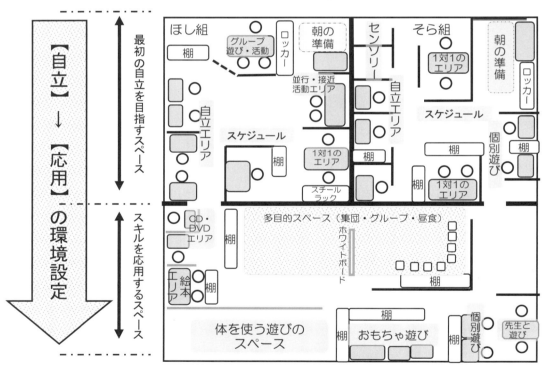

朝の会・行事

4〜5人のグループ活動

体を動かして遊ぶ

おもちゃ遊びのエリア

【刺激の統制の少ない"ほし組"の設定】

1対1のエリア　　自立エリア

追加のパーテーション　　並行・共有活動

スケジュール　　ワークシステム

【刺激の統制の多い"そら組"の設定】

1対1のエリア　　自立エリア

3～4面の刺激の統制　　カームダウンエリア

スケジュール　　ワークシステム

【事業所全般のその他の設定】

工作の時の材料の整理統合と　　グループ活動で視覚的に　　活動の終わりの提示から
同時モデルの提示　　見通しを伝える（全体と個別）　　禁止の理解を教えていきます

コミュニケーションシステム　　生活の中の視覚的な指示

【人や習慣に依存しないための工夫】

ぐるんぱでは計画的にスケジュールを変えて、毎日同じスケジュールにならないようにしています。また、園児担当制を廃止して、エリア支援担当、役割担当を設定し、ローテーションで役割を変えています。「特定のスタッフしか支援できない」という状況をつくらないようにしています。

4章　現在と将来を意識した課題設定（短期目標・B計画）

事例3 本人の強みを活用したスプーン・フォークの練習の機会の設定

● NPO法人陽だまり ［幼児〜学齢前期］

　児童発達支援事業を利用される幼児さんです。昼食（弁当）を食べる際に手でつかんで食べることが多く見られました。家庭でもスプーンやフォークを使うよりも手でつかむことが多く、基本動作の課題として箸やスプーンの使用が家庭でも事業所としても優先順位の高い課題（短期目標）となっていました。

　まだ、箸やスプーンそのものの操作がスムーズではなく、味覚の過敏さもあるために、自分で少しずつ確認しながら食べるには手で操作しながらのほうが食べやすいということもありました。

●課題のポイント
・本人がもっていて注目できているプットインのスキルを活用する
・食事の素材が一貫していない、複雑な設定ではなくシンプルな設定で行う
・1対1のエリアで、構造化された課題（一体型タスク）を活用する
・スプーンや補助付きの箸で操作しやすい材料を活用する
・課題の中で繰り返し練習できる機会を設定する

●関係する自閉症の特性と方向性
・転導性・衝動性、注意・注目の特性（140・141頁）
・空間整理統合の特性（140・141頁）
・微細運動・粗大運動（144・145頁）

●実際の様子
本人にあわせた課題の設定と繰り返しの機会の設定によって、1対1のエリアや自立エリアでは使用することができるようになりました。しかし、実際の食事場面では食品や状況によって手を使う場面は見られます。味覚の過敏さから、食べることのできる食品も少ないため、無理に手を使うことを制止するのではなく、箸やスプーンを活用する食品、状況を広げていきたいと考えています。

コメント

　幼児期・学齢前期は、スモールステップで進めることが重要です。この事例でも、箸やスプーンの使用をさまざまな食材でトレーニングするのではなく、限定された場面、設定で実施しています。本人にゴールイメージの強いプットインを活用し、目的である手先の使い方の機会をつくられていることが自立へのステップにつながったと思います。

▶ 自立課題シート

日付：○年○月○日		氏名：N児（●才）	記入者： 村岡
課題目標		箸、スプーン、フォークで滑りにくいものを穴に入れる	
☑自立課題アセスメントシートの活用： 箸、スプーン、フォークの使い方			
Pass：活用できるスキル P(合格している部分)・強み・活用できるスキル		プットインができる 1対1の対応ができる なくなったら終わりが理解できる	
Emerge：芽ばえ・課題 E（芽生えスキル）課題になる部分		補助箸を使おうとするが、開き方の操作にぎこちなさがある。スプーンやフォークですくおうとするが、上握りになったり、鉛筆握りでもすべての指で握るため、操作にぎこちなさが見られる	
Fail：支援の必要性 ニーズ・できない部分・支援が必要		食事の場面だと道具を使うよりも先に手で食べてしまう。また、味覚の過敏さがあるため、少しずつ確認しながら食べたいため、その操作は手先の方がしやすい様子。食材に応じてどの道具を使用すればよいかを判断すること。補助具なしで箸の開閉をすることは難しい	
その他の情報・資源 および他のフレームワークシート			

■支援計画

視覚的構造化	視覚的指示	プットイン、掴んで入れる写真の指示、道具を置く場所の写真や絵、箸・スプーン・フォークの具体物	図・解説等 
	視覚的明瞭化	プットインの穴がわかりやすいように色を変える、イーゼル	
	視覚的整理統合	一体型	
物理的構造化		1対1のエリア→自立したら一人で勉強のエリア	
スケジュール		先生と勉強	
ワークシステム			
教授方法&ルーティンの活用		指示に注目を促しながら教える。握り方や操作の仕方などはプロンプトしながらルーティンで教えていく	
その他（状況の設定等）		その日の本人の状態にあわせて、材料の量を調整する。握りやす素材を繰り返し使う機会を1対1のエリアで設定する。	

■実施後の記録

日時	本人の様子	再構造化・再計画の指針
○年○月○日	プットインにより課題をイメージして進めることができる。途中から左手を支えに用いようとする場面が見られる。手や指への身体プロンプトは嫌がることはない	量を調整しながら、道具を使用して左手を使用しない機会をつくる

事例4 「定規の使い方」の明確な指示と整理統合の工夫を活用した支援

●学齢前期の基本的な内容の課題 [学齢前期]

　M児は、課題には素直に取り組むことができるが、細部に強く注目する特性が見られ、気づいてほしい部分に注意を向けることが難しく、見え方にも課題があります。年齢で考えて機能的な作業課題を中心としながらも、基礎的な概念や教科学習の課題設定をしました。今回はプリント課題の中からアセスメントした、定規をあてて線を引くことを課題にしました。

●課題のポイント
・線の引き方のポイントを事前に1対1エリアで教える
・本人に理解しやすい文字と写真の指示の活用をする
・課題そのものに注目できるように、プリント等をファイリングタスクの形態にする
・自信をもって、自立エリアでの基礎的な内容の学習につなげる

●関係する自閉症の特性と方向性
・転導性・衝動性、注意・注目の特性（140・141頁）
・空間整理統合の特性（140・141頁）
・受容コミュニケーション（138・139頁）

●実際の支援の様子
・先生と勉強でポイントを見せて教え、そのポイントをよく見て線を引くことができた
・定規の置き方や鉛筆をあてて線を引くことは、教えることで意識し、できるようになった
・その後、自立エリアで一人でも取り組むことができた

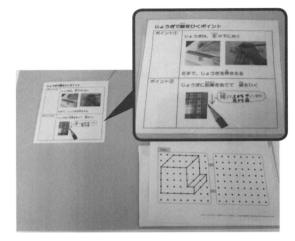

コメント

　さまざまな基礎となるスキル、また教科の内容を学ぶ時には、関係ない部分に注目したり、材料や情報を整理することの困難さから、課題そのものに注目することが難しくなります。幼児期・学齢前期は、課題そのものに注目して自立することが重要になります。この事例のように、整理統合やわかりやすい指示を活用したうえでの学習の機会が必要になります。

▶自立課題シート

日付：○年○月○日	氏名：M児（●才）	記入者： 大城・用松

課題目標	定規にそってまっすぐに線を引くことができる、定規の使い方を知る
☑自立課題アセスメントシートの活用：	
Pass：活用できるスキル P(合格している部分)・強み・活用できるスキル	リストや表など視覚的な情報を確認する習慣がある明確な指示があれば、それを正確に再現しようとする
Emerge：芽ばえ・課題 E（芽生えスキル）課題になる部分	・定規を使って線を引くということは知っている ・定規の具体的な使い方を知らない（定規は置いているが、鉛筆の先を定規にあてながら線を引くことを知らないため、線が曲がる。定規をどこに置くと使いやすいか、左手で定規を抑えることを知らない）
Fail：支援の必要性 ニーズ・できない部分・支援が必要	材料や課題全体の空間の整理統合の困難さがある
その他の情報・資源 および他のフレームワークシート	

■支援計画

視覚的構造化	視覚的指示	文字により指示する写真（漢字にはふりがな）で具体的なイメージを伝える
	視覚的明瞭化	ポイントを枠で囲って整理して見せる。実際のプリントはファイルに挟む
	視覚的整理統合	線を赤にする「左」「上」の文字を朱書きをする
物理的構造化		1対1のエリア→自立したら一人で勉強のエリアへ
スケジュール		
ワークシステム		
教授方法&ルーティンの活用		先生と勉強で定規で引くポイントを見せて教える。その後、一人で勉強の課題としてファイルの左に貼っておく
その他（状況の設定等）		

図・解説等

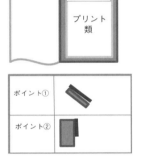

ポイント①定規は、左か下におく。左手で、定規を押さえる
ポイント②定規に鉛筆をあてて、線を引く

■実施後の記録

日時	本人の様子	再構造化・再計画の指針
○年4月6日	先生と勉強でポイントを見せて教える。そのポイントをよく見て線を引く。定規の置き方や鉛筆をあてて線を引くことを数回教えるとできる	自立課題としてファイルにはりつけ一人で勉強で実施
○年4月8日	一人で勉強で実施	

b 学齢後期・移行期の課題と支援

　学齢後期・移行期は、成人期の生活を念頭においたトップダウンの視点での課題設定になります。これまで身につけた基本的なものから、機能的（実用的）スキルを中心にした課題設定になっていきます。さらに、将来を見越して課題内容の絞り込みをしていきます。

　自立した場面をクラスルーム内、学校内、地域エリア、就労（現場実習先）などにおいて般化することも重要になります。

※移行期の範囲に関しては、就労移行支援事業などの利用時期も含んで考えています。

■機能的スキルと基本スキル

　本人の将来のジョブマッチングや生活マッチングの絞り込みと自己決定に向けて考えると、学齢後期・移行期の課題設定には工夫が必要になります。

　学齢後期・移行期では、応用的な機能的スキル※で課題を設定していきます。しかし、課題の中では、基本的なスキルが身についていないことから課題遂行が困難な場合があります。その時に、機能的スキルの活動場面で無理に教えてもその複雑さにとらわれて、その身につけなくてはいけない課題に注目することが難しくなります。

　そこで、その機能的スキルを細分化して、どの部分の基本的なスキルが課題なのかを見つけます（参照：27頁・表4～6 細分化の例）。その課題を1対1のエリアで、できる状況を設定したうえで教えます。

　このように学齢後期・移行期では、機能的スキルを中心に課題にしながらも、その前段階のスキルを抽出して、自立の幅を増やしていきます。機能的スキルと基本スキル・概念の学習を行ったり来たりしながら進めていきます。

※機能的スキルとは、たとえば、床掃除、窓ふき、植物のお世話、パソコンの入力、オーダー取り、食材の計量など。

■般化と戻って教えるプロセス

　学んだスキルが地域エリア※でできない時に、その場所で無理に教えることはしません。できないことを複雑な地域エリアで教え始めると、課題そのものに注目ができません。そこでできないスキルは、1対1で教えるエリアに戻って教えます。そして自立し、般化し、また地域エリアに進みます。

※学校・事業所外の地域の活動場所を指します。公共施設、飲食店、現場実習先などが含まれます。

■将来の生活・ジョブマッチングの資料づくり

　学齢後期・移行期では、将来の生活や仕事のイメージを絞り込む時期です。そこで、この時期に短い時間帯でかまわないので、さまざまな職場、公共施設、機会を設定してアセスメントと課題の設定を繰り返していきます。

　その際のポイントとしては、環境の影響と本人のスキルを分けてアセスメントすることが必要になります。自閉症の人は刺激に影響を受けやすい特性をもちます。環境

刺激の多い場所で本人ができなかった場合、本人がスキルをもたないのか、環境刺激のためにできないのかがわかりません。スキルだけのアセスメントであれば、刺激の影響のない場所でアセスメントして、環境の影響の有無は別の設定で確認する必要があります。

　本人の得意な部分、トレーニングでできる可能性の高い部分、興味・関心、環境などの影響を整理して、将来の生活と仕事のイメージをまとめる必要があります。

表16　応用的な課題・活動のアセスメントと計画の例

	基本スキルを確認して機能的な活動を計画する	機能的な活動でアセスメントする
解説	機能的な活動につながる基本的な内容を幅広くアセスメントし、その結果から活動を計画する 例１）調理器具の使い方、食品の加工のスキルをアセスメントして調理活動の参考にする（57〜59頁・事例6参照） 例２）道具の使い方をアセスメントして工作の内容を考える	機能的な活動場面で実際にアセスメントをして計画する 必要に応じて細分化して分析したり、含まれる基本スキルを抽出して別にアセスメントを行うこともある 例１）コーヒーメーカーを実際に使って実施する（60〜61頁・事例7参照） 例２）精肉の計量仕事を実際に実施してアセスメントする。計量器の基本スキルを抽出して事業所でアセスメントする（写真21・83頁参照）
メリット	・本人のできる部分で計画をたてることができる ・アセスメントの結果からさまざまな活動の計画をたてることができる ・文脈（状況・場面）に依存しないので、結果をさまざまな場所で応用しやすい	・実際の機能的な活動場面でアセスメントするので、結果をそのまま活動の計画にすることができる ・広範囲の基本スキルをアセスメントしなくても、機能的な活動の中で短時間でアセスメントできる
デメリット	・アセスメントの幅が広く時間と手間が多くなる ・実際の機能的な場面につながりにくい場合がある（たとえば、事前のアセスメントが実際の職場イメージにフィットしないことがある）	・状況や場面に依存するので、結果が状況や場面によって変わる可能性がある ・アセスメント内容が限定される

表17 タスク計画シート（学齢後期・移行期の課題例）

課題・内容：学齢後期・移行期の課題	アセスメントの情報	課題を見てわかりやすく設定する
材料のピッキング作業	●活用した強みは？ ・数字のマッチングはできる ・表の理解はある	●見てわかりやすく指示する ・1つの袋に入れる材料の個数の指示シート ・ジグ付の個数表（1～10個まで） ・材料の名前がラベルになっている
	●課題は？ ・10個までの個数の準備が混乱することがある	●整理した状態で提示する ・テンプレートを利用する ・材料が容器で分かれている
	●ニーズは？ ・材料やシートの整理が難しい	●指示や材料を明瞭化する ・個数のジグが青と白のコントラストになっている
ネジはずし	●活用した強みは？ ・数字の順序性がわかる ・絵の理解	●見てわかりやすく指示する ・ネジとドライバーそのもの ・ネジと数字ラベルの置く場所の絵の指示 ・ネジをはずす順序を数字ラベルで提示
	●課題は？ ・ネジはずし ・指示された順番でネジをはずす	●整理した状態で提示する ・テンプレートを利用する ・ネジと数字ラベルを入れる容器が2つに分かれている
	●ニーズは？ ・材料の整理統合 ・自然な中では練習が難しい	●指示や材料を明瞭化する ・ボードと数字ラベルの色が白と青のコントラストになっている
検索・参照してチェックする	●活用した強みは？ ・文字が読める	●見てわかりやすく指示する ・チェックする都道府県名の指示シート ・検索してチェックマークをつけるシート ・チェックする部分に□になっている
	●課題は？ ・検索すること、参照すること	●整理した状態で提示する ・1つの箱の中にすべての内容が入っている ・チェックマークをつけるシートがリングでまとまっている
	●ニーズは？ ・材料の整理統合	●指示や材料を明瞭化する ・指示シートの都道府県名は太めのペンで書く
良品と不良品	●活用した強みは？ ・物の2種類の分類	●見てわかりやすく指示する ・良品のスプーンと不良品のスプーンの例示 ・○×の指示
	●課題は？ ・良品と不良品で分ける ・※○×の意味	●整理した状態で提示する ・テンプレートの利用（容器の前後ろの指示） ・材料がまとまっている
	●ニーズは？ ・材料を整理しながら進める ・注目の困難さ	●指示や材料を明瞭化する ・材料が白で容器の中に黄色いシート ・全体の色が黄色で容器の色が白
封筒にラベルを貼る	●活用した強みは？ ・完成見本の理解 ・文章の理事の理解	●見てわかりやすく指示する ・①～⑤の工程を文章で指示する ・ラベルを貼る場所
	●課題は？ ・指定された場所にラベルを貼る	●整理した状態で提示する ・ファイルで一体型になっている ・封筒・ラベルの材料が封筒にまとまっている ・封筒を挟んで安定して貼れるようになっている
	●ニーズは？ 材料の整理統合が難しい 注目の困難さ	●指示や材料を明瞭化する ・材料のスペースと完成品のスペースが色を変えてコントラストになっている ・ラベルを貼る場所が黒の線で太くなっている

※視覚的構造化（視覚的指示・視覚的整理統合・視覚的明瞭化）はTEACCH自閉症プログラムの構造化された指導のひとつです。

表18 タスク計画シート（学齢後期・移行期の課題例）

課題・内容：学齢後期・移行期の課題	アセスメントの情報	課題を見てわかりやすく設定する
コーヒー豆の計量（○g〜○g）	●活用した強みは？ ・○gぴったりが計れる ・基本の動きはできる ・数字・文章の理解	●見てわかりやすく指示する ・手順書（文章＋写真） ・○g〜○gの指示 ・ヒントになる手だてシート
	●課題は？ ・○g〜○gの理解 ・手だてシートを参照する	●整理した状態で提示する ・テンプレートを活用する ・材料が容器で分けられている
	●ニーズは？ ・材料や道具の整理の困難さ	●指示や材料を明瞭化する ・はかりとシートが白で、背景がオレンジになっている
スティックの準備	●活用した強みは？ ・文章の理解 ・個数の理解	●見てわかりやすく指示する ・1つのコップに入れるスティックの内容と個数を表で指示する ・コップを置く場所の指示
	●課題は？ ・一つひとつのコップに違った個数で準備する	●整理した状態で提示する ・テンプレートを活用する ・材料ごとにまとまっている
	●ニーズは？ ・材料の整理統合 ・注目の困難さ	●指示や材料を明瞭化する ・なし
弁当のオーダー	●活用した強みは？ ・文章がわかる ・文章を読める ・表が活用できる	●見てわかりやすく指示する ・①〜③までの工程を文章で提示する（コミュニケーションする内容も含む）
	●課題は？ ・数人の人にオーダーを聴くことができる ・オーダーを表にまとめる	●整理した状態で提示する ・全体が1つのファイルにセットされている ・持ちながら記入できるようにしている（ペンが面ファスナーで固定されている）
	●ニーズは？ ・聴いた情報を頭の中で整理する ・質問と情報収集を自分で計画して行う	●指示や材料を明瞭化する ・ファイルが青で記入シートが白
ソケットの分解	●活用した強みは？ ・単語の理解 ・絵の理解	●見てわかりやすく指示する ・絵と単語で分解の指示
	●課題は？ ・指示された内容までの分解を行う（全部分解しない）	●整理した状態で提示する ・材料が容器に入っている ・テンプレートを活用する（色のマッチング）
	●ニーズは？ ・材料の整理統合	●指示や材料を明瞭化する ・分解の指示が立っている
ゴミを回収する	●活用した強みは？ ・文書リスト ・平面図の理解	●見てわかりやすく指示する ・平面図で回収するゴミ箱を指示する ・ゴミ回収袋そのもの ・文章の手順リスト
	●課題は？ ・平面図を見て指示された場所のゴミ箱のゴミを回収する	●整理した状態で提示する ・最初の準備をテンプレートで行う
	●ニーズは？ ・自分で計画的にゴミの回収をすすめることが難しい	●指示や材料を明瞭化する ・机や家具は色を使って提示する

※視覚的構造化（視覚的指示・視覚的整理統合・視覚的明瞭化）はTEACCH自閉症プログラムの構造化された指導のひとつです。

事例5 学齢後期から移行期の環境設定

●社会福祉法人つつじ サポートオフィス QUEST（児童発達支援事業）

　QUEST（児童発達支援）は、義務教育を修了した既存の中等教育になじまない発達障害のある児童を対象とした事業所です。事業所では児童が将来に向けてのさまざまなスキルを身につけていくための環境設定になっています。また、さまざまなスキルを身につけるだけではなく、それをさまざまな場面で応用して活用する機会も設定できるようにしています。

●1対1で教えるエリア
新しい課題をアセスメントする場所であり、課題を教えてもらう場所です。時には、自分の気になっていることを教えてもらう相談の場所にもなります。

全体がフラットな設定で、家具やエリアの配置を工夫して、刺激の統制を行っています。
　必要に応じて追加のパーテーション等の刺激の統制を行います。

●休憩エリア
休憩の時間に余暇活動をするエリアです。場所は共有で使い、2つの休憩場所のどちらかをスケジュールで確認して使います。

●自立エリア
一人で自立して課題を実施するエリアです。一人で課題を進めるためにワークシステムを活用します。

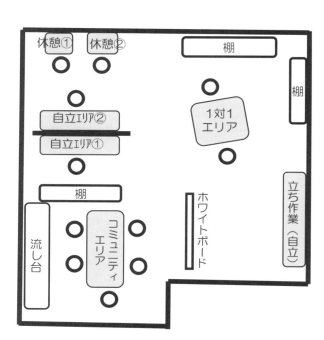

●共有の課題棚
課題の材料や道具が整理されている場所です。それぞれラベルが書いてあり、リストを見て準備します。

●コミュニティ・エリア
スタッフ、利用者全体で活用するエリアです。朝の会や集団でのディスカッション、ゲームなどの集団での余暇でも活用します。

●立ち作業エリア
立って行う作業を実施するエリアです。

事例 6-a 調理の基本スキルと参照の課題を設定した調理活動①：スキルアセスメント

●社会福祉法人つつじ サポートオフィス QUEST（児童発達支援事業）

　Mさんは、将来の就労や生活づくりに向けて QUEST（児童発達支援）でさまざまな課題に取り組んでいます。将来をイメージしたうえで優先順位の高い課題として、手順書や参照資料を活用した調理活動を設定しました。

　まず、調理のさまざまなスキル・知識のインフォーマルなアセスメントとして、サンドイッチの調理を実施しました。サンドイッチというゴールイメージをもったうえで、さまざまなアセスメントを実施しました。

● 課題のポイント

- サンドイッチは課題内容ではなく、調理のさまざまなスキル確認するアセスメントの題材として使用した
- 調理のアセスメントの前に調理器具の理解や準備に関するアセスメントを実施した
- 調理器具の理解にあわせてリストを中心とした手順リストと補助的なイラストを準備して、必要に応じてヒントとなるイラストを見せて実施した
- アセスメントであることを念頭において無理に教えないで、できない部分は少し手がかりを出して進める
- かなり長いアセスメントになるので、本人の好きな具材を考えて設定した

調理器具の名称等に関しては、事前にアセスメントして、名称と片づける場所の指示を入れる

【事業所全般のその他の設定活動を通してのインフォーマルアセスメントのポイント】

- 調理に必要なさまざまなスキルを活動の中に盛り込んだうえで実施する
- 教えるのではなく、アセスメントを目的にするので、できない部分はサポートをしながら進める
- できるだけ自然な設定で準備をする
- 部分、または全体で手順を簡単に準備して必要に応じて活用する

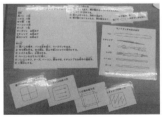

名称について本人がどのように理解しているかを確認し、必要に応じて名称を伝えた

サンドイッチづくりを通して、切る、計る、塗る、焼く、ゆでる等のスキルをアセスメントした

本人の様子を観察しながら、必要に応じて、手順書や視覚的なヒントや図を見せた

▶ サンドイッチづくりを通して調理のスキルをまとめた自立課題アセスメントシート

	項目（工程・活動 等）	P	E	F	活用できる部分	課題・支援の必要な部分	指導・支援の方向性
1	タイマーの使用		✓			何時間設定してよいのかわからない	見る場所の指示。焼き上がりの目安が必要
2	【切る】						
3	食パン		✓			のこぎりのように切る。切る手が変わる	食材ごとに切り方の確認を行う
4	ゆで卵		✓			どの位の大きさで切ってよいのかわからない	
5	左手を添える		✓			左手がパーだったり、食材を押さえていないことがあった	手の添え方の見本を食材ごとに提示する
6	まな板の使用	✓			食材ごとに洗えていた		
7	【鍋でゆでる（ゆで卵）】		✓		材料、道具を準備で切る	ゆで時間がわからない	
8	火加減（IH）		✓		鍋を置く場所がわかる	数字と火加減のイメージがない	数字の横に、弱火、中火、強火と書く。レシピと同じ表記にする。火を使用している時は、その場を離れないことを伝える
9	時間			✓			
10	卵を冷ます			✓	水につける	水を変える。流水を使用することは、わからない	モデル提示する
11	殻をむく		✓		むくことができていた	殻を捨てる場所、ゴミの場所がバラバラになっていた	ゴミを捨てる場所を決めておく。三角コーナーの設置
12	【フライパン（ベーコンを焼く）】						
13	火加減		✓		置く場所は正解		
14	菜箸の使用		✓			ひっくり返すより、撫でていた	焼く、炒めるの菜箸の使用方法の違い
15	カリカリ		✓		焼き加減はちょうどよい		
16	【食材洗い（レタス）】						
17	1枚の取り方		✓		根元からレタスをちぎることができていた	使用する直前に1枚ちぎった	

事例 6-b 調理の基本スキルと参照の課題を設定した調理活動②：焼きそばづくり

●社会福祉法人つつじ サポートオフィス QUEST（児童発達支援事業）

　サンドイッチの調理を通して行ったインフォーマルアセスメントをもとに、焼きそばづくりを自立課題シートを活用して計画をたて実施しました。さまざまな道具や材料の準備、下ごしらえ、実際の調理など、たくさんの整理統合が必要な複雑でわかりにくい焼きそばづくりを本人が自立的に進められるように、道具や材料の配置の視覚的な手だて、手順書と補助的な参照資料を用いました。

●課題のポイント
- 文章だけではイメージしにくい部分を写真などを活用して解説する
- 手順だけではなく、参照資料を準備する
- 道具や材料の置き場所を明確に指示して空間の整理統合の困難さを補う
- できなかった部分は無理に教えないで、その後の課題に設定することも念頭におく

●関係する自閉症の特性と方向性
- 時間の整理統合の困難さ（140・141 頁）
- 空間の整理統合の困難さ（140・141 頁）
- 受容コミュニケーション
  （必要な指示の理解：138・139 頁）

手順書を補う解説書

基本の手順書

整理統合を助ける配置図

● 実際の支援と次へのステップ
- 手順書だけではなく参照資料をつけることで、自分で調べて進める場面が多く見られました。手順書と参照資料を1つのファイルにしていましたが、何回もいろいろなページを見なくてはいけなかったので、手順書と参照資料を分けて提示する再構造化（再設定）が必要でした。
- 一部の野菜の切り方などが難しく、さらに練習したほうがよいと思われるスキルも見られました。調理活動課題では、実際の調理のスキルだけではなく、材料や道具などの整理統合をすることも必要になります。すべての内容を課題にするのではなく、課題の絞り込み、支援や設定の修正もしていく必要があります。

実際の調理の様子

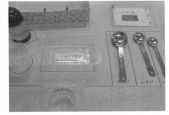

難しかった計量と包丁の使い方については、課題を設定して、繰り返し練習を実施し、次の調理や将来へのスキルにつなげる

事例 7 複雑で工程のある活動の設定：コーヒーメーカーの活用

● NPO法人未来図 ［ 学齢後期～移行期 ］

　コーヒーメーカーの活動は複雑でわかりにくい部分がありますが、めくり式の手順書、何杯かを示す指示や個数を提示したジグなどを活用して自立に向かった事例です。個数のジグの活用は今後の生活全般で活用できると考えられます。

▶自立課題アセスメントシート

課題目標：コーヒーメーカーでコーヒーをいれることができる					氏名：Nさん	記入者：田中
	項目 （工程・活動　等）	P	E	F	活用できる部分	課題・支援の必要な部分	課題・支援の方向性
1	コーヒーメーカーが入っている箱を持ってくる		✓		指示された箱をもってきている	箱を、どこに置いてよいのか、わからずにその場をウロウロしている	支援者が準備しておく
2	コーヒーメーカーをセットする			✓		どこに何を置いていいのかわからずに取りかかれない	支援者がセットまではしておく
3	フィルターをひらいてコーヒーメーカーにセットする	✓			フィルターを1枚取る事はできる。家庭で、ドリップコーヒーを入れた経験があり、習慣でできている		活用する
4	コーヒーの粉を、1杯入れる			✓	粉をスプーンですくう事はできる	・回数が口頭では気づけない。終われず、入れ続けている ・スプーンに山盛りで、1杯入れている ・フィルターケースを持ったまま、粉を入れている	・チップを活用し回数を提示する ・スプーンに擦切り1杯を写真で教える ・フィルターを置いた写真の指示で教える
5	水を、容器の線まで入れる			✓	線には、気づいている	線まで入っているのか、確認はしていない	線を明瞭化する

☑P＝できている　　☑E＝芽生え反応・気づいてはいる　　☑F＝できない　　☐No.　→

本人の全体の様子	活用できるスキル	課題・支援の必要性	指導・支援の方向性
家庭での経験があるため、取りかかりはよい。しかし口頭指示では気づけない。また、声かけをすることで、エコラリアになったり、指示待ちになりやすい	写真、絵、具体物の理解はあるめくり式タイプは注目がよい	工程が整理できない。材料の準備は、自分ですることは難しい	準備に関しては、スタッフが設定をする。工程を写真で指示し、回数も、回数表を提示していく

整理統合を助けるテンプレートの支援と材料を容器にまとめて工夫されている。めくり式の手順書で一つひとつの工程を進めていった

回数の理解が難しくても、回数表を確認しながら進めることができた

日付：○年○月○日	氏名：	記入者：
課題目標	コーヒーメーカーを使用して、指示された量のコーヒーをいれる	
☑自立課題アセスメントシートの活用：		
Pass：活用できるスキル P（合格している部分）・強み・活用できるスキル	・写真、絵、具体物は理解している ・めくり式タイプの手順書は注目がよい ・ドリップコーヒーをいれた経験はある。コーヒーをいれるイメージはある ・コンセント、スイッチは、自然な指示で取りかかれる	
Emerge：芽ばえ・課題 E（芽生えスキル）課題になる部分	・写真の指示を見て取りかかろうとはする ・コーヒーの粉を入れようとはするが、量の調整が難しい ・フィルターに粉を入れるが、フィルターを持ったままで粉を入れるため効率が悪い ・水を入れる、線は気づいているが、線が細く曖昧で気づきにくい ・全体的に取りかかろうとはするが、工程がバラバラで効率が悪い	
Fail：支援の必要性 ニーズ・できない部分・支援が必要	・口頭の指示は気づけない ・回数は、今まで家庭でも設定をしているが、気づけない（母の情報） ・コーヒーをいれるまでの、コーヒーメーカーのセッティング ・コーヒーの粉を何杯入れるかが、わからない ・スプーンに摺り切り一杯入れることには気づいていない ・容器に水を入れたら、どこに移し替えるのかがわからない	
その他の情報・資源 および他のフレームワークシート	具体的な写真だと理解しやすい	

■支援計画

視覚的構造化	視覚的指示	・コーヒーをいれる工程を写真で指示 ・コーヒーをいれる量を回数表で指示	図・解説等
	視覚的明瞭化	・めくり式タイプ。 ・コーヒーメーカー、材料、粉を一体型にして整理	
	視覚的整理統合	・水を入れる線を、太い線で明瞭化	
物理的構造化			
スケジュール			
ワークシステム		ランチルームで設定	
教授方法＆ルーティンの活用		・後方からの身体プロンプトで対応。 ・声かけは、ほぼなし。指示に気づけない時は、写真を指差して、指示する	
その他（状況の設定等）		初回のコーヒーの量は、回数に気づけるため、多めに設定をする。 日によって、回数をランダムに設定する	

日付：○年○月○日		氏名：Nさん			記入者：田中	
課題目標：コーヒーメーカーを使用して、指示された量のコーヒーをいれることができる						
	自立チェック項目	10月23日	10月30日	11月6日	11月13日	11月20日
1	フィルターをつける	＋	＋	＋	＋	＋
2	コーヒーの粉を入れる	P、M	P	G	G	＋
3	フィルターをコーヒーメーカーにセットする	＋	＋	＋	＋	＋
4	線まで、水を入れる	＋	＋	＋	＋	＋
5	コーヒーメーカーの排水口に水を入れる	＋	＋	＋	＋	＋
6	排水口のふたを閉める	＋	＋	＋	＋	＋
7	コーヒーメーカーに、容器を戻す	＋	＋	＋	＋	＋
8	スイッチを入れる	＋	＋	＋	＋	＋

自立：＋　言語指示：V　ジェスチャー：G　モデル：M　身体プロンプト：P

C 成人期支援

　成人期では、本人のもっている力から生活づくりをしていくハビリテーションプログラムの時期になります。そこで現在もっている本人のスキルや興味・関心などのアセスメントが重要になります。

　成人期は、新しく課題を設定するよりも、本人のもっているスキルから生活づくり、ジョブマッチング、生活マッチングをする時期になります。

■できる部分から生活・ジョブマッチング

　学齢期・移行期に幅広い内容のスキルのアセスメントをし、課題を設定し、さまざまなできることの情報を整理する必要があります。成人期では、トレーニングよりも本人ができているスキルや概念で生活内容を考えていく必要があります。学齢後期・移行期にアセスメントの情報が少ない場合は、生活内容・仕事の内容で「できる部分」のアセスメントを実施します。機能的スキルだけではなく、1対1の対応、プットイン、個数、マッチング、写真、絵、図、表の理解など、活用できるスキルをできるだけ幅広くアセスメントします。

■居住・仕事・余暇・地域・文化活動の幅

　マッチングしなくてはいけない内容は、生活全般になります。生活基盤である居住生活、日中活動や仕事、余暇活動、さらにはより豊かな生活づくりとして、地域の中での活動、文化的な活動など幅広い内容の生活のマッチングが必要になります。

　さまざまな生活内容の幅は、みんなに理想的な幅があるわけではなく、本人の特性やもっているスキルなどにあわせて幅を個別化していくことが必要です。

図5　生活の幅の個別化のイメージ

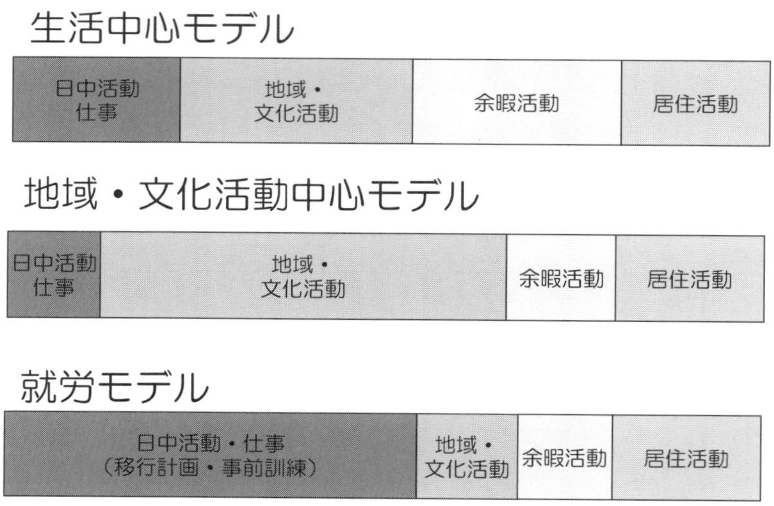

生活中心モデル
| 日中活動 仕事 | 地域・文化活動 | 余暇活動 | 居住活動 |

地域・文化活動中心モデル
| 日中活動 仕事 | 地域・文化活動 | 余暇活動 | 居住活動 |

就労モデル
| 日中活動・仕事（移行計画・事前訓練） | 地域・文化活動 | 余暇活動 | 居住活動 |

事例 8 本人のもっているスキルを活用して作業の自立を支援した事例

● NPO法人夢［成人期］

38歳のMさんは、障害支援区分4で知的障害と自閉症スペクトラムをもつ青年です。現在、NPO法人夢の生活介護を月曜から金曜まで利用しています。一人で過ごす余暇や事業所内での受託作業にかかわっています。今回は、そのなかで袋のテープ止め作業の自立を支援したアセスメントと実際の支援の様子です。アセスメントをもとに、本人のもっているスキルを活用して活動を具体化しました。

容器を活用して材料を整理した状態で作業工程を伝える

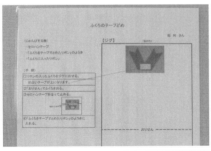

活動全体の手順書だけではなく、テープの長さの指示を直接テープ台に設置することで成功できるように支援している

▶自立課題シート

日付：〇年〇月〇日		氏名：Mさん　　記録者：
課題目標		袋のテープ止め
□自立課題アセスメントシートの活用：		
Pass：できる できている部分・強み・活用できるスキル		・見本と同じ長さにテープを切る ・指定された場所にテープを貼る ・ビニール袋の取り扱い
Emerge：芽ばえ反応 やろうとしている部分・気づいている部分		・袋を折る位置 ・テープを貼る位置
Fail：できない できない部分・支援が必要な部分		・毎回同じ長さにテープを切る
その他の情報・資源 および他のフレームワークシート		・自閉症・発達障害特性シート ・個人情報シート ・構造化・支援シート ・自立課題アセスメントシート
■ 支援計画		
視覚的構造化	視覚的指示	・短い文章と写真の手順書 ・テープの長さの提示
	視覚的整理統合	・容器を使う ・材料ごとに分ける
	視覚的明瞭化	・容器の色のコントラスト
物理的構造化		・1対1の場面。本人の左側に先生が座る
スケジュール		・「先生と作業」のスケジュール。　・構造化支援シート参照
ワークシステム		・先生主導で終わる。　・構造化支援シート参照
教授方法&ルーティンの活用		・手順書を使って教える。・道具の準備、片付け
その他 （状況の設定等）		

事例9 本人の理解にあわせて少しずつ具体的な提示にスケジュールを調整

●滝乃川学園［成人期］

Hさんは57歳、知的障害と自閉症をもっています。そして50歳代に入り認知症を発症し、少しずつさまざまな情報の理解が難しくなってきました。

3年半前より、スケジュールや環境の面の構造化による支援と生活づくりに取り組んできました。視覚的なスケジュールでは、支援を開始した当初は慣れ親しんだ単語のリストを使っていましたが、少しずつ理解できない場面が増えてきました。

本人の理解についての継続的なアセスメントを続けて、本人にあった具体的で視覚的なタイプの指示を準備しました。具体的には単語提示から、絵＋単語→絵・写真→具体物という調整になりました。

●課題のポイント
- その時点で活動や場所をイメージできる具体的な情報で伝えた
- 記憶の維持の困難さを考慮して再構造化を行った
- スケジュールだけではなく、生活内容の調整も行った（軽作業、外出）

● 実際の支援と次へのステップ

認知症の進行に合わせた調整は現在も続いています。時には、活動に参加できなかったり、混乱する場面も見られます。無理に引っ張ったり、押したりするのではなく、その時点での状態にあわせながら提示の仕方を調整したり、活動内容を調整したりも必要になりました。

現在、具体物での理解も少しずつ難しくなっているので、コンサルタントからのアドバイスで、触覚などの刺激のある具体物、一つひとつの場所での活動イメージを明確にすることなどを検討しています。

●見通しをもった生活づくりのためにスケジュールを導入

視覚的合図：文字（単語）
長さは：日中活動の場所（全部）、居室（全部）
形態・タイプ：単語のカードタイプ、上から下、終わりポケットに移動（固定型）
スケジュールの確認：言葉の指示
設置場所：日中活動の場所の一角、居室

●具体的な情報として写真を活用

視覚的合図：絵・写真＋文字
長さは：日中活動の場所（全部）、居室（全部）
形態・タイプ：カードタイプ、上から下、移動型
スケジュールの確認：トランジッションカード
設置場所：日中活動の場所の一角、居室

●スケジュールを確認するトランジッションも具体化

スケジュールを確認：ボールを使ったトランジッション

●実際に使う具体物のタイプに再構造化

視覚的合図：実際に使う具体物
長さは：2個提示（まずは○○、次は○○の提示）
形態・タイプ：上から下、移動型
スケジュールの確認：トランジッションの合図のボール
設置場所：日中活動の場所の一角、居室

コメント

このケースから、視覚的なタイプの調整はレベルアップするものではなく、自閉症、知的障害、認知症の重複した障害に配慮して、その時点での本人にわかりやすい具体的な提示が重要であることがわかります。そういう意味で多くの支援者に伝えたい事例だと感じます。高齢化によってできる活動の幅が狭くなり、スケジュールだけではなく、活動内容の調整も必要になってくると考えられます。

5章 さまざまな生活場面の具体的な支援計画（C計画）

　事業所・学校などの中ではさまざまな活動があります。日常生活のさまざまな活動、学習や仕事、余暇活動、さらには行動支援や自己認知など、一つひとつの課題には具体的な支援計画が必要になります。

　そのためには、常にアセスメントを継続し、具体的な支援計画をたて、実際の支援・指導を繰り返していきます。さらにそれらの支援が適切かどうかのモニタリングも支援の中で繰り返していきます。

　このような実際の具体的な支援計画が「生活デザイン思考の支援計画」ではC計画になります。

1．C計画について

　実際の支援では、それぞれの支援の内容にあった観点が必要になります。『フレームワークを活用した自閉症支援』では、自立支援、行動支援を中心に実際にアセスメントし、支援計画をたて、経過を記録しながら調整をする「フレームワークシート」を紹介しました。

　これらのシートは自立支援や行動支援にとどまらず、本人の自己認知支援や余暇支援など、幅広い領域の内容にも活用できるようになっています。これらのシートを活用した実際の具体的な支援計画がC計画になります。

　本書では、さまざまな支援領域についてのポイントを説明しながら、あわせて具体的なフレームワークシートを活用した事例について紹介します。

2．アセスメントとプランニング

　実際のアセスメントやプランニングには、各フレームワークシートを活用します。内容にあわせて1種類、もしくは数種類のシートでアセスメントをし、計画をたてます。また、フレームワークシートのほとんどが継続的な経過記録・モニタリングに対応しています。

　日常の偶発的な観察では、支援に必要な具体的な情報をアセスメントすることには漏れが生じます。支援の内容によっていくつかの基本の視点があり、それに沿ってアセスメントしていくことが重要になります。

　それは計画をたてる時も同じです。何もないところからイメージを組みたてるのは

難しいことです。やはりフレームに沿って計画を立てることが役にたちます。

また、多くの生活上の支援はチームで行うことが多いと思います。チームで一貫した視点による支援を実現するには、フレームワークが必要になってきます。

このＣ計画では、実際の場面で観察した情報だけではなく、これまでのアセスメントで整理してきた、本人の特性や理解できる視覚的な情報、理解の仕方、普段使って習慣化しているシステムなど、Ａ計画やＢ計画（11頁参照）、さらにこれまでの他のＣ計画の情報を活用するという視点も重要になります。

3．モニタリング

Ｃ計画のモニタリングは、その支援の内容によってモニタリングの仕方もタイミングも異なります。Ｃ計画の多くが継続的なアセスメントによって、効果を確認し、支援の修正をしながら進められていきます。

ひとつの実際の支援計画は、次の同じ条件内容の支援時に参考になります。また実際の支援を通して、特性や本人の理解について新たな気づきができたり、生活場面ごとの支援や構造化などの調整が必要になったりします。その更新もＣ計画のモニタリングを通して進めていきます。

4．日常生活の活動

日常生活のさまざまな活動には、目的があり、指示があり、段取りが必要になります。自閉症の人は、その指示や段取りが困難なために活動できない、自立できない状況になります。支援者は、ただ活動の機会をつくるだけではなく、見通しをもって活動を進めるための手だてを考える必要があります。

■どこで活動するのか

どの場所で、その活動をするのかが明確であることは重要です。どの場所で行うのかの指示を、エリアや境界、さらに視覚的なスケジュールによって明確にします。

活動そのものに注目するためには、実施する場所の環境設定も重要になります。本人が課題に集中できない状況があれば、刺激を制御して課題そのものに注目できるようにします。

■活動の指示・手順

活動の開始や、準備、実施、片づけ、そして終わって次の活動に移るために、さまざまな視覚的な手だてが必要になってきます。

視覚的なスケジュールでは、活動の開始と次の活動への移行が指示されています。活動の準備、流れ、目的、終わりなどを提示されたワークシステム（146頁参照）や

視覚的指示（148頁参照）によって明確にします。

それらの指示がないと、活動に見通しがもてず、活動そのものが自立できません。自信をもって活動をするためには明確な指示が必要になります。

■具体的に伝える

日常生活の活動では、抽象的な理解が必要になることがあります。たとえば「手をきれいに洗う」「ゆっくり磨く」などです。自閉症の人は、抽象的情報を理解することが得意ではありません。

そこで抽象的なことを、本人の特性や状況によって具体的に提示します。たとえば「5回洗う」「1分間磨く」などの回数や時間に置き換え、「3の力で磨く」「2の速さで磨く」などのように、程度を視覚的な基準に置き換えて提示するなどの工夫が必要です。大きさや程度などを表す視覚的な基準は、いくつかの事例をおさえての練習が必要になります。

写真6

場所と回数を提示　　　具体物で手順を提示

■材料・道具が整理されている

日常生活のさまざまな活動には、さまざまな材料や道具が必要になります。どこから材料をとって、どのように置いて準備して、そして終わったら「どこに」「どのように」片づければよいのかを、明確に指示されて整っていることが自立のために必要になります。

写真7

収納場所にラベル

写真8

絵で置く場所を指示

カラーマッチングで本の片づけ

■ **変化への対応**

日常生活の活動は、道具の破損などの変化も起こります。場所や状況が変われば、指示も変わることがあります。そのような場合には、指示を視覚的に修正することが必要になります。また、指示の変更・修正に関しては、本人にとってハードルが低い内容で習慣化することも重要です。

■ **般化を念頭におく**

日常生活の活動は、ひとつの場面で自立して終わりではありません。たとえば歯磨きなども、学校や事業所、家庭でも自立することが必要になります。

写真9　エリア変更の例

自閉症の人は、ひとつの場面で学んだことを他の場面で応用することが得意ではありません。状況が変わると同じ活動を新しい活動のようにふるまう人もいます。日常生活の活動は、周囲の状況を頼りにするのではなく、活動そのものに注目する必要があります。

手順書などの視覚的な指示は、どんな状況の中へも移行すること、設置することが可能です。それがあることで、さまざまな場面で応用的に自立できることを目指します。

事例10 本人の理解をアセスメントし計画的に家庭での片づけを支援

● NPO法人未来図 [学齢期]

小学1年生のK児に関する片づけの指導・支援の事例です。空間の整理統合や計画的に進めることの困難さから机及びその周辺の片づけがうまくいってない事例です。（写真A）。

実際の机および周辺の状態をアセスメントするだけではなく、片づけに関することを質問し本人がどのように理解しているかを確認するアセスメントも実施しました。

写真A：実態のアセスメント

●課題のポイント
・本人の理解している部分、感じていることを確認して進める
・本人が習慣化しやすいように調整する
・長期的に学習しやすい環境についても方法を探る
・「いつ」「どこで」「なにを」「どのように」という部分を明確にし、本人に見通しをもってもらう
・本人の理解にあわせた指示を明確にする
・容器や印で空間を整理統合する

置く場所にラベル

●関係する自閉症の特性と方向性
・転導性・注目の困難さ
・空間の整理統合
・時間の整理統合

本人と確認しながら、活用しやすい設定に調整

容器・仕切りで整理

▶自立課題アセスメントシート

課題目標：机上の片づけ					氏名：K児	記入者：大野麻琴	
	項目（工程・活動等）	P	E	F	活用できる部分	課題・支援の必要な部分	課題・支援の方向性
1	机上や3段boxのどこに何を片付けるか理解しているか？		✓		決まっていないと答えている。だから片づけられないとのこと。決まっている物があり、それは片づけられるとのこと	自分では決められない	片付ける場所を先生・保護者が決める
2	片付ける場所を先生・保護者が決める		L E		捨てる気づきはある	1つずつ聞いていくと、ほとんどのもので「いる。これはあの時の想い出だから」と捨てられない様子。大量の物の中で、1つだけ「これはいらない」と言っている	捨てる物や捨てない物等の概念学習が必要
3	捨てる物や捨てない物等の概念学習が必要			✓		わからないと、ただ入れているとのこと。	自分では、整理できない。先生・保護者が決めたり、目的を教えることが必要
4	3段boxにしまうものが何か気づいているか？	✓			3段boxに、ランドセルと袋であり、それは決まっている為、理解している		決められたことは、その通りにできる
5	3段boxにしまえるか？		✓		片づけるスキルはある。しないといけないことも理解している	片づけられないことが多い	場所が離れているので、机の近くにすることが必要
6	教科書や辞書、本の分類	✓			カテゴリー分類ができている		指示の書き方として、カテゴリーの分類が可能
7	指示の書き方として、カテゴリーの分類が可能		L E		きれいにしたいけど、どうすればいいか僕はわからないとのこと	大人から見ると汚い状況だが、本人は、ちょっとだけ汚いとのこと	片づける意志はあるが、片づけ方がわからない。片づける場所を決めることと、空間を整理すること

コメント

「片づけ」にはさまざまな境界があります。「分類するカテゴリー」「必要なものと不要なもの」などです。そのためのさまざまな内容を整理統合することが自閉症の人は得意ではありません。

▶自立課題シート

日付：○年○月○日	氏名：K児（小学1年生）	記入者： 大野麻琴
課題目標	毎日の机の片づけができる（家庭支援）	

☑自立課題アセスメントシートの活用：	
Pass：活用できるスキル P（合格している部分）・強み・活用できるスキル	・指示があると、その場所に物を置くことができる ・分類の思考はもっている ・「鉛筆」「消しゴム」等を「文房具」というカテゴリーでまとめることができる
Emerge：芽ばえ・課題 E（芽生えスキル）課題になる部分	片づける目的や意識について：片づける場所が決まってないから」と、机にいれているだけだと言っている。自分の机まわりを綺麗とは言わないが、きれいなほうだと言っている。
Fail：支援の必要性 ニーズ・できない部分・支援が必要	・自分でどこに何を片づけると良いか、きめることが難しい ・ものを捨てることができない。いる物、いらない物の分別ができにくい ・1つ1つに、「これはあの時の」「これはこう」と思い出が強い
その他の情報・資源 および他のフレームワークシート	・きれい・少し綺麗・普通・少し汚い・汚いの概念の勉強を、放課後等デイサービスで学習し、家庭の設定を行う

■支援計画

視覚的構造化	視覚的指示	・机上・棚に何をどこに置くか、文字の指示を貼る	図・解説等
	視覚的整理統合	・カテゴリーごとに、仕切りをつける ・文房具、教科書類等は、近くに置く。ケースやカゴで空間を整理する	
	視覚的明瞭化	・全体的に物の量を減らす	
物理的構造化		机の向きは壁を活用して2面の設定。勉強に注目が行きやすいようにしている。（妹の動きが刺激になる場合がある）以前は1面であった	
スケジュール			
ワークシステム			
教授方法&ルーティンの活用		先生と一緒に、どこにあると使いやすいか？気になるか？ また、いるものいらないもの等をカゴを使って整理しながら、机上棚の整理を行いながら、場所を教える	
その他（状況の設定等）		未来図の放課後等デイサービスで先生が家に行く日と何をするか事前に予告・説明しておく	

■実施後の記録

日時	本人の様子	再構造化・再計画の指針
○年○月○日	・片づけは、1時間半かかっているが、本人は1時間集中して片づけのプロセスに注目できている ・なかなか物を捨てれない。説明書や壊れているうちわも捨てられない ・最終的に先生と決めた場所を目の前にし、「これはどうする？」と聞くと、指示を探して「え〜っとここ」と答える ・スタートから1か月経過、継続的に決められた場所に片づけをすることができている	・継続的に母に、時々確認をしてもらう。本人には2か月後にまた、確認することを伝えている。（先生が来て） ・計画的に「すてる必要のあるもの」その範囲を整理する ・新たな視点として、カバンの中の整理の仕方がニーズとしてあり、ルール等を決めている

5. 余暇活動支援

　自閉症の人にとって余暇、自由な時間の使い方は、曖昧でわかりにくいものです。というのも余暇、自由時間は、何をやったらよいのかもわかり難いため、見通しがもちにくい活動だからです。

　また自閉症の人の中には、余暇が広がらない、感覚刺激が少なく狭い興味・関心ばかりの活動になり、発展しにくいという事態も生じます。

　そこで余暇を自立的に、そして充実させるためにはさまざまな工夫とステップが必要になります。

■仕事のように伝える

　自閉症の人にとって余暇は曖昧です。しかし、仕事は具体的に活動がイメージでき、見通しをもちやすいので、好きな活動になりやすいということがあります。たとえば就労支援では、仕事に関する課題よりも、休憩時間の過ごし方が課題になることがしばしばあります。

　そこで余暇・遊びにも仕事のように「いつ」「どこで」「何を」「どのように」「どうなったら終わりか」「終わったら何があるのか」の情報を盛り込んだ具体的な活動設定と視覚的設定が必要になってきます。

写真10　視覚的に設定した余暇の例

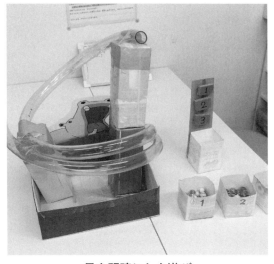
量を明確にした遊び

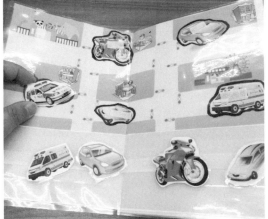
操作性のある絵本

■仕事のように教える

　支援者の中には余暇は自然に身につくというイメージをもつ人がいます。しかし自閉症の人に、自然に自動的に余暇が広がることは困難です。そこで、余暇も視覚的にわかりやすい状況の中で、教える必要があります。

　そのためステップとしては、まず1対1の先生や支援者とのエリアで、いくつかの

余暇・遊びのアセスメントをします。そのなかで「できる余暇・遊び」「もう少しでできそうな余暇・遊び」を発見します。

「できる余暇・遊び」は活動として設定できます。「もう少しでできそうな余暇・遊び」は1対1のエリアで視覚的にわかりやすい状況を設定して、教えます。できるようになったら自立エリアの活動、もしくは一人で遊ぶエリアで実践します。自立度が高まったものは、社会的な場面や教室・事業所の中の余暇・遊びの活動として実践します。

自閉症の人にとって興味・関心のもてる余暇・遊びを探すことも大切です。しかし、具体的で見通しのある活動が広がる中で、興味・関心のあるものではなくても意味ある活動になっていきます。筆者の実践の中でも、最初は興味をもてなかったものが仕事のように活動する中で楽しさにつながったケースがあります。

写真11　余暇も1対1のエリアから始める

1対1のエリアで遊びを教える

一人で遊ぶ

表19　タスク計画シート（遊び・余暇の課題例）

課題・内容：学齢後期・移行期の課題	アセスメントの情報	課題を見てわかりやすく設定する
ボウリングゲーム	●活用した強みは？ ・絵カードの手順が使える ・ピンを並べることができる ・ボールを投げること	●見てわかりやすく指示する ・手順の絵カード ・投げる方向 ・ピンを並べる場所の指示
	●課題は？ ・見通しをもって2回ボウリングを実施することができる	●整理した状態で提示する ・ボウルピンが容器にセットされている ・空間が整理されている ・ボールが脱線しない仕切り
	●ニーズは？ ・空間の整理の困難さ ・計画を立てて活動のすることの困難さ	●指示や材料を明瞭化する ・コースが色で明瞭になっている ・カードが白でボードがオレンジ
ソリティア	●活用した強みは？ ・文章の理解 ・写真の理解	●見てわかりやすく指示する ・ソリティアゲームのそのもの ・文章と写真のリストの手順書 ・駒を入れる容器の指持
	●課題は？ ・ソリティアゲームを進める	●整理した状態で提示する ・テンプレートを使用する ・駒を入れる容器 ・ソリティアゲームの駒が磁石になっている
	●ニーズは？ ・材料を準備して進めることの困難さ	●指示や材料を明瞭化する ・駒が赤でボードが白になっている

事例11 スモールステップで遊びを指導した例

●社会福祉法人つつじ児童発達支援センターぐるんぱ [幼児期]

F児は、児童発達支援センターぐるんぱに4年前より通っています。入園当初は、遊ぶエリアで数人の中で遊ぶことができず、何をしてよいのかわからない状態が続きました。

そこで他の課題、活動と同じように、遊びも計画的に教え、友だちの中で自立的に遊べるように指導・支援しました。

1. 遊びと社会性のアセスメント

【遊びのアセスメント】
- 曖昧な時間を過ごすことが苦手であり、一人でボーっと座っている様子も多く見られました。先生がいると遊べますが、一人では自立的に遊ぶことが困難でした。
- 自立課題アセスメントシートを使って遊び・余暇のアセスメントを実施しました。アセスメントの結果から、「具体的な遊びを好む」「指示ややるべき活動が見てわかる遊び」「回数や量が決められたもの」「終わりが明確なもの」「完成がはっきりわかるもの」「本人の興味・関心があるもの」から遊びを教えていくことにしました。

【社会的な場面での遊びの様子】
- おもちゃエリアにおいて自発的に他児と関わる様子は見られない状態でした。一人でミニカーを動かしタイヤの動きを見て遊んだりする場面が見られました。社会性の段階のアセスメント：並行・共有が芽生え反応で、並行・共有の機会の設定をいくつかの遊びの自立の後に計画しました。

2. 1対1エリアで視覚的な手立てを活用して教える

課題・内容		アセスメントの情報	課題を見てわかりやすく設定する
魚つりゲーム		●活用した強みは？ ワークシステムが使える、なくなったら終わりがわかる	見てわかりやすく指示する：何回実施するかの回数の指示、見て釣りゲームだとわかる
		●課題は？ 終わりの見通しをもって魚釣りゲームを楽しむことができる	整理した状態で提示する：材料が箱にセットされている。釣ったものを入れる容器を用意する
		●ニーズは？ 周囲の状況で見通しをもつことが難しい。空間の整理統合が難しい	指示や材料を明瞭化する：回数を提示するチップとボードの色にコントラストを用いる
お絵かき		●活用した強みは？ 絵を見て模写ができる。	見てわかりやすく指示する：いくつかの描く絵をめくり式の指示カードで提示する。紙とペンでお絵かきすることがわかる。
		●課題は？ 何を描くのかをイメージする。見通しをもってすべての指示の絵を描く	整理した状態で提示する：ペン・紙・めくり式の指示カードが箱にセットされている。
		●ニーズは？ 自由に絵をイメージして描く。空間の整理統合が難しい	指示や材料を明瞭化する：めくり式の指示カードがイーゼルタイプになっている。
工作		●活用した強みは？ はさみやのり、ペンの使い方は理解している	見てわかりやすく指示する：完成見本を用意する。切る部分などに線や印をつける。
		●課題は？ 工作の内容を理解して、最後まで工作に取り組むことができる	整理した状態で提示する：材料や道具、完成見本などを1つの箱にセットする。
		●ニーズは？ 周囲の状況で見通しをもつことが難しい。空間の整理統合が難しい	指示や材料を明瞭化する：材料と作業スペースに色のコントラストをつける

3. 自立エリアで実施→社会的な場面での実施
（他の遊びや課題をワークシステムに入れて実施）

1対1のエリアで教えた3つの課題を、一人で遊ぶエリアでも自立的に遊ぶことができるようになりました。

一人の遊びでワークシステムを活用

集団活動で自立して遊んでいる様子

その後、同じような内容で、接近、共有の集団活動の機会を設定しました。完成品の見本に注目しながら自立して工作やお絵描きをすることが並行場面、共有場面でも可能になりました。

社会的な場面での遊びの広がり、周囲についての気づきも増えてきました。

▶遊びのアセスメント

課題目標：遊びのアセスメント		氏名：K君			記入者：瀬山	
	項目 （工程・活動等）	P	E	F	活用できる部分	課題・支援の必要な部分	課題・支援の方向性
1	ビー玉を木のおもちゃに転がす	✓			スタートの位置からビー玉を入れる		活用する
2	ミニカーで遊ぶ		✓		ミニカーを持って車を上下に動かす	遊びが発展せず、自分の興味・関心が優先になる	興味・関心を活用し、他の遊びに発展させる
3	魚つり		✓		釣り竿で魚を釣るイメージがある	材料が多く、魚を釣る範囲が広いと注目がそれる。釣り竿の使い方に不器用さが見られ、魚を手で掴んで磁石につける	まずは、釣り竿の使い方を教える。材料を少なくし、魚の磁石を大きくすることで、片手で釣りやすいようにする
4	粘土			✓		触る事を嫌がり、触った手のにおいを嗅ぐ	今回の遊びの活動には使用しない。直接手で触れないような課題設定

▶自立課題シート

日付：〇年〇月〇日	氏名：K君	記入者：瀬山
課題目標	ミニカーで駐車場まで走らせる	
☑自立課題アセスメントシートの活用：分類のアセスメント		
Pass：活用できるスキル P(合格している部分)・強み・活用できるスキル	・ミニカーを走らせることができている ・ミニカーを一列に並べることができている	
Emerge：芽ばえ・課題 E（芽生えスキル）課題になる部分	スタートの位置がわからず、コースの途中からミニカーを走らせる	
Fail：支援の必要性 ニーズ・できない部分・支援が必要	・自分でイメージを膨らませながらミニカーで遊ぶことができない ・曖昧な指示では期待されている意図を掴むことができない	

■支援計画

視覚的構造化	視覚的指示	スタートの位置のラインの色。（スタート「青」、ゴール「緑」）
	視覚的整理統合	一体型になっている。材料を1つのケースにまとめ、材料を置く位置を固定している。ガードつきのコースを用意する
	視覚的明瞭化	スタートとゴールの色を変えている
物理的構造化		2面
スケジュール		1対1で実施→自立で実施→地域のエリアは「車の絵」の提示
ワークシステム		自立エリアではカードマッチング
教授方法&ルーティンの活用		コースの途中からミニカーを走らせた時は、スタート地点を指差し、スタートの位置を確認させる

6. 学習支援

　教室などの学習場面は、自閉症の人にとって複雑でわかり難い場面になることがあります。複雑でわかりにく状況によって学習内容に注目できないことが起こります。学習内容に注目し、学習できるようにするためには環境などのさまざまな工夫が必要になります。

■注目を支える環境の工夫

　教室などの学習場面は、学習に関連ある情報だけではなくさまざまな情報や刺激であふれています。自閉症の人はさまざまな情報を無視することの困難さから、学習に関係のない情報や刺激に影響を受けて、学習に関連のある情報に注目することが難しくなります。そこで、学習に関係のない情報や刺激を統制することが必要になります。ひとつはパーテーションや家具で刺激を統制する方法があります。その他にもさまざまな工夫があります。

　自閉症の人は空間を整理することが得意ではありません。状況に応じて自分の活動場所や材料や道具の置き場所を計画することが困難な場合があります。そこで活動の場所や物を置く場所を決め、境界を明確にすることが必要になります。１つの場所で期待される活動が明確になり、何をどこに置いてよいのかが明確になります。

＜全体の工夫＞
・棚・道具置き場などにカーテンをする
・黒板に多くの情報を提示しない
・掲示物を整然と並べる
・掲示物が貼っていない面をつくる
・言葉による指示を最小限にする

写真12

マットで境界を明確に

カーテンなどで不要な情報や刺激になるものを隠す

<個別の工夫>

・授業で席の配置を工夫する
・新しく教えることは先生と1対1のエリアで教える
・新しく教えることは刺激の少ない状況で教える
・簡易パーテーションを使用する
・イヤマフなどを使用する

写真13

簡易のパーテーション

■自立を促す環境設定

『フレームワークを活用した自閉症支援』でも本書でも、1対1の勉強の場所から始まる自立のステップを紹介しました。1対1のエリアで教育・支援者は課題のアセスメントを実施し、本人にあわせた課題の設定（たとえば視覚的な手立てのある設定）をして1対1のエリアで教えます。1対1のエリアでできたことは、次に一人で自立エリアで実施します。自立エリアでできたものは、さまざまな応用的な場面でそれを活用する般化のステップをふみます。

そのような自立のステップを念頭において、1対1で勉強を教える場所、自立して一人で活動する場所、グループ活動の場所や応用的な活動スペース（たとえば、掃除の場所、園芸コーナー）を設定します（46～47頁　児童発達支援センターぐるんぱの環境）。

■見通しをもつための工夫

学習の時間は生活の中のひとつの時間であり、学習の時間の中ではいくつかの課題を実施します。また時には予定が変更になる場合もあります。自閉症の人は、状況を判断して見通しをもったり、変更したりすることが得意ではありません。見通しをもつためのさまざまな工夫が必要になります。日課を視覚的に提示したスケジュール※やひとつの学習時間で実施するいくつかの課題・活動を提示したワークシステムなどが必要になります。また課題の一つひとつには明確な終わりを提示する工夫も必要になります。

※個別のスケジュールの代用にはなりません

<全体の工夫>

・教育・支援者の事前の準備や工夫により一日の活動を大きく変えないようにする
・一日の見通しや授業時間内の見通しを視覚的に伝える
・終わりを明確に伝える（合図や終わりの提示）

写真14　見通しをもつための全体の工夫

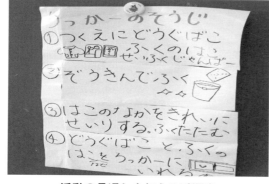

活動の見通しを伝える手順書

いくつかの活動の見通し

<個別の工夫>
・個別化してスケジュールを視覚的に伝える
・活動の流れ（手順）を視覚的に伝える
・終わりを本人にわかる形で伝える

写真15　見通しをもつための個別の手立て

個別のスケジュール

活動手順

算数の授業のワークシステム　　　　図鑑の終わりの提示

■自分の気持ちを伝える工夫

　学習場面では、自分の気づきや理解している部分をコメントしたり、困った時に周囲に支援を要求したりすることがあります。自閉症の人は、自分の気持ちを伝えることが得意ではありません。そこで自分の気持ちを伝える工夫が必要になります。

　たとえば、気づきや理解を伝えるための視覚的なヒントの提示や理解の度合いを表す視覚的尺度の使用などの工夫があります。また、学習場面で必要な「手伝ってください」「教えてください」などの使う言葉のリストや絵カードを準備します。

写真16　自分の気持ちを伝えるための支援

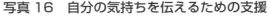

コミュニケーションカード　　　　　コミュニケーションのリスト

5章　さまざまな生活場面の具体的な支援計画（C計画）

■課題・活動の内容の工夫

　学習場面で実施する課題・活動そのものを見ると、教えられる言語や板書、さまざまなプリントにはたくさんの情報や指示が盛り込まれています。情報理解の困難さや情報の整理統合が得意ではない自閉症の人にとっては、学習しにくい状況になることがあります。

　そこで課題・活動自体を工夫することが必要になります。まず重要な視点は、明確に本人にあわせた視覚的指示を加えることです。自然にある課題設定では何を期待されているかわかりません。明確で具体的な指示を視覚的に提供することが必要になります。

　次に必要なのは、課題・活動に必要な材料や道具、そして課題全体の空間を整理された状態にすることです。整理の仕方としては材料や道具を容器に入れたり、それをどのように配置するかの指示を入れたり、1つの課題がひとまとまりになったり、(44頁・折り紙を三角に折る) 見ひらきのファイル形式 (写真18) にしたりなどという工夫があります。また、課題の材料や指示の部分と完成した内容や解答の部分との境界を明確にする工夫も必要です。

　最後に、注目の困難さをもつ自閉症の人がより注目しやすくするために指示や材料、道具などを明瞭化する工夫も有効です。

＜全体の工夫＞
・全体への指示の情報量に気を配る
・黒板などに境界を設定する
・道具の場所を決めてラベルを貼る
・活動の材料や道具を容器などで分けて各自に渡す
・先行モデル（モデルを先に提示して見せる）用と、同時モデル（活動しながらモデルを同時に見せる）用の2つの材料を準備する
・一人ひとりの活動で使ってよい範囲を提示する（たとえば、画板で工作の範囲を提示する）
・材料を容器などに入れて配付する

写真17　課題や活動をわかりやすくする工夫

先行モデル

同時モデルと活動範囲の明確化

おやつづくりで自分の範囲

文字と絵で片づけを指示

＜個別の工夫＞
- 本人にあわせた明確な指示を提示する
- 本人用の完成見本や手順カードを用意する
- 視覚的なジグを用意する
- 参加の幅を決めておく（場所、時間、量、内容）
- 参加の目標を決めておく
- 材料・道具を容器で分けて提示する
- 一対型タスク、ファイル形式のタスクなどにする
- 材料や道具を準備する箱やテンプレートを準備する

写真18　課題や活動の個別の工夫

ファイルタイプの課題

個別化した工作の課題

7．就労支援プロセス

　ここでは、就労移行時期について課題と指導・支援に関して整理します。

　就労のトレーニングとは、学校・事業所でのトレーニングと現場実習などのトレーニングが想定されます。しかし、それぞれのトレーニングにおいて、自閉症の人の特性から効果的に実施できな場面も出てきます。

　学校・事業所を中心とするトレーニングでは、学んだスキルが職場で応用できない、事前の経験を学校・事業所で設定することが難しいなどの問題が起こります。

　職場での現場実習をメインにおいた設定になると、職場での失敗経験が原因でその後の就労プロセスにつながらないこともあります。想定されなかったために教える必要のあることが多く、ジョブコーチの介入の頻度が多くなり、フェードアウト[※]、ナチュラルサポート[※]につながりにくくなることもあります。

　そこで事業所・学校などでの準備訓練と、現場実習の訓練の役割を整理して、就労支援プロセスの進め方を整理しました。

※フェードアウトは、ジョブコーチの仕事などに対しての介入を少なくしていくプロセスです。
※ナチュラルサポートは、継続的な仕事につながるように、上司や同僚の人へ障害をもつ従業員に対する啓発や支援を担ってもらうものです。

■事前のアセスメント

　事前のアセスメントには、幼児期から繰り返されている本人のもっているスキルの

アセスメント、インテーク面接での情報も含みます。また、学校・事業所での準備訓練の場所での幅広い機能的なスキルのアセスメントも必要になります。そのなかで、どのような職業領域が本人の実習先として優先順位が高いかを検討していきます。

■現場実習先での初期アセスメント

　できるだけ幅広い職種でのアセスメントを行うために実習が必要になります。短い時間帯でかまわないので仕事内容の観察や、その他の対人関係、コミュニケーション、休憩の過ごし方などの様子の観察を計画的に設定し、その内容を記録として残していきます。

　ここでは、無理に指導しないで、アセスメントを中心にします。そのためこの現場実習では、実習先の理解が必要になります。佐賀県で就労支援をした時は、この実習先を確保するために、協力してもらえる公共施設やスーパーなどを探し、協力依頼をしました。

写真19　アセスメントの現場実習

　　　　コンビニエンスストア　　　　　　　　　マンション管理

　アセスメントのためだけの実習先の確保が難しい場合、職種の幅が広がらない場合は、学校・事業所内にシミュレーションされたスペースを設定する方法もあります（82頁・事例12も参考にしてください）。

写真20　事業所内のシミュレーションエリア

　　　喫茶　　　　　　　　　商品棚　　　　　　　　立ち内職

　この時に中心に使うフレームワークシートは、自立課題アセスメントシートです。設定した仕事内容や観察のポイントを項目の欄に記入してアセスメントをとります。

表20　自立課題アセスメントシートを活用した現場実習先でのアセスメント

課題目標：鶏肉コーナーバックヤード					氏名：Oさん　記入者：Gジョブコーチ		
	項目（工程・活動 等）	P	E	F	活用できるスキル	課題・支援の必要性	指導・支援の方向性
1	材料の運搬		✓		明確な指示があればできる	口頭指示だけでは難しい	付箋紙などで指示を貼る
2	鶏肉の計量		✓		計量器の使い方は理解できる リセットもできる	○○から△△gの理解が難しい	事業所での基本スキルのアセスメントを実施
3	ラベル貼り	✓			計ったものにすぐ貼るので間違えない		スキルの活用
4	パッケージング	✓			一度教えれば理解できる	さまざまな形態の容器では応用ができていない	さまざまな形態の容器で観察
5	段ボールの分解	✓			できる	段ボールによって置く場所が違う	置く場所を指示

■**基本スキルのアセスメント**

現場実習先でのアセスメントの後で、何を課題にして教えるのかを検討します。課題にした部分をより細かく細分化したリストに落として、シミュレーションした設定でもう一度アセスメントをとります。あまりリアリティを求めないで、スキルそのものを確認できるように設定します。

表21　自立課題アセスメントシートを活用した現場実習先でのアセスメント

課題目標：石ころを使って計量　○○gから△△g					氏名：Oさん　記入者：Gジョブコーチ		
	項目（工程・活動 等）	P	E	F	活用できるスキル	課題・支援の必要性	指導・支援の方向性
1	計量器を「0（ゼロ）」にして計ることができる	✓			できる		
2	計量器を使って計る		✓		計量器の使い方はわかる 数字にも注目している		
3	○○gちょうどを計る	✓			ちょうど計ることはできる	時間が関わる	
4	○○gから△△gで計れる			✓		イメージをもつことが難しい	さまざまな指示を視覚的に提示して○○gから△△gの幅のある重さを計る練習をする
5	100-120gの帯の指示に1113gを目安でおくことができる			✓	ほぼイメージしている	間違いがみられる	いくつかの異なる○○gから△△gの練習を

事例12 就労・地域移行を念頭においた環境設定

●社会福祉法人つつじ サポートオフィス QUEST ［就労移行支援事業］

　QUEST（就労移行支援事業）では、発達障害者の就労に必要なスキルや体験の機会を提供しています。事業所内ではさまざまな職業スキルやソーシャルスキルなどを活用する機会を設定し、トレーニング内容や支援を取り入れています。環境設定もさまざまな機会の設定を念頭においています。

●パソコンブース
ビジネス文書作成、インターネット検索、入力などの作業を行うスペース

●全体情報ボード
全体と個別のスケジュール、お知らせが提示されている

●個別資料および指示書のブース
利用者ごとのファイル、ボックスがあり、作業の指示や振り返りシートなどがセットされている

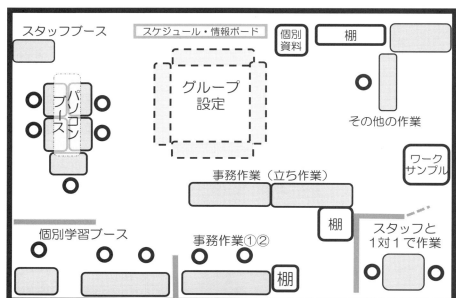

●グループ設定
グループでの活動、ディスカッション、講義などの設定を必要に応じて行う

●その他の作業
ワークサンプル等の作業・アセスメント・トレーニングを実施

●事務作業ブース
事務作業を行うブース。いくつかのエリアがあり、指示された場所で実施する

●立ち作業のエリア
立って行う作業を実施するエリア

●スタッフと1対1で作業を実施するエリア
アセスメント、スキルの抽出指導、並行・共有作業等の実施

●個別学習ブース
計算・ビジネス漢字・履歴書書きの練習・一般常識等の補助学習を行う

■ **抽出的なトレーニング**

　1つの仕事の内容はさまざまな概念やスキルによって構成されています。自閉症の人の就労訓練において、いくつかの概念、スキルで成り立っている1つの仕事があるとします。その1つの仕事の中で一部分だけできてないことがあります。そのような時にはできない内容だけを抽出して、1つの概念、スキルだけを教えることをします。たとえば1つのテーブル拭きの仕事の中で、拭く面の意識がなかった場合に、その面の理解だけを抽出して教えることがあります。1つの仕事の基本のアセスメントした内容を細分化（27頁・表4～6参照）して、1つのスキルや概念を抽出して指導することがあります。以下の写真は、精肉の計量の仕事の中から「○○グラム～△△グラム」を抽出した指導と、コンビニエンスストアでの品出しの仕事の中の「古いものから順番に並べる」を抽出した指導の場面です。

写真21　抽出的なトレーニングの例

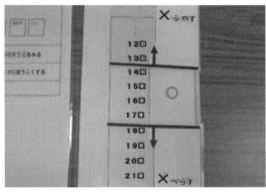

幅のある計量の課題の手だて

日付を確認した陳列：事業所で教えて、学んだスキルを現場実習先で実施する

■ **現場実習先での応用**

　本人のできること、抽出的なトレーニングで身につけたスキル、できない部分の支援なども考慮した形で、応用的にスキルを活用できているかを実際の職場で現場実習することで確認をします。これにより想定外のことが最小限に抑えられ、フェードアウト、ナチュラルサポートにもつながりやすくなります。

　この実習の中で無理に教えることに効果がない課題に関しては、再度、事業所・学校の準備訓練に戻って教えることも必要になります。

5章　さまざまな生活場面の具体的な支援計画（C計画）

■**ジョブマッチングシートにまとめる**

　このように、抽出したスキルの訓練の場所としての準備訓練の場所（事業所・学校）と、応用的にスキルを使う場面としての現場実習先を行ったり来たりしながら、本人にあった仕事と環境・状況についてまとめた資料を作成します。

　ケースにもよりますが、基本的には本人も参加し、自己評価、他者評価、自己決定につながるような仕組みにしておくことも重要になります。ここでは、たとえば客観的なデータにするために、自分の評価、ジョブコーチの評価、職場の人の評価を一元的に確認できるフォーマットが必要になります。

表22　ジョブマッチングシートの例

	メリット（得意なところ）	デメリット（不得意なところ）	
物理的環境	一人のスペースが決まっている	作業場所によっては機械などの音が大きい	
人的環境	いろいろな過ごし方をする人がいる。一人で過ごしていても違和感があまりないため、自分なりの休憩方法をとることができる。困ったことがあった場合、周囲の人に聞ける	人が多く障害に対しての理解の度合いには差がある。正社員だけでなく派遣社員も多い。作業がある程度できるようになれば、周囲に指導者がいなくなるため、わからないことをすぐに聞くことができない	
勤務時間	職務規程により勤務時間が決まっているので変更がほぼない	休憩時間以外に休憩しづらい	残業はなしにしてもらうなどの配慮が必要
作業内容	ボタンつけなど、1人でできる作業がある。適性を見ながら作業内容の変更もできる。マニュアルに従って作業を行えばよいので、Hさんにとってはやりやすい。一定のペースで作業を行えばよい、また正確さも求められるので、几帳面なところはあっている	作業が早く終わった場合など、いつもとは違う作業を任される可能性がある。流れ作業を任される可能性もある	仕事内容に配慮が必要
通勤	原付バイクで通勤可能な範囲	原付バイクで行けない時は、公共交通機関を乗り継いで出勤しなければならない	

■ 3つの現場実習

これまで紹介したプロセスを実際に行うためには、3つのレベルの現場実習の形態が必要になります。それぞれの役割を以下の表で確認してください。

表23　現場実習の3つのレベル

現場実習 レベルⅠ	**役割**：事前アセスメントのための実習 **設定**：数時間から数日の短い期間のアセスメント。理解のある実習先を日頃から設定する必要があります
現場実習 レベルⅡ	**役割**：もっているスキルを活用して応用的に仕事や職場での生活ができているのかを確認し、トレーニングする **設定**：数週間以上の設定。その職場で就職することも想定して、ハローワークや就業・生活支援センターと確認しながら進める必要があります
現場実習 レベルⅢ	**役割**：実際に就職することが決まった後の準備のための現場実習です。仕事以外の生活全般も就職後を想定して整理していきます

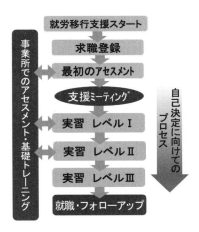

図6　就労支援プロセス
3つの実習レベル

8. 相手に自分の気持ちを伝えること（表出コミュニケーション）

相手に自分の気持ちを伝える表出コミュニケーションは自閉症の人にとってハードルが高い課題のひとつです。コミュニケーションすることが少なかったり、伝える方法をもたないために適切ではない方法で伝えたり、伝えることができなくて混乱したり、というように定型発達の人との違いをもっています。

ハードルが高いコミュニケーションを、できるだけ低い方法にするためには、いくつかの工夫が必要になります。ひとつは本人がよく使っている部分、好んで使っている部分から始めることです。さらに自閉症の人が得意な視覚的なツールを活用し、本人にあわせて教えることです。また、具体的にコミュニケーションの場面を設定して多くの機会をつくることも有効とされています。ただ機会をつくるだけではなく、文脈や内容（表24参照）を少しずつ変えていくことでさまざまな場面、さまざまな状況の中でも機能的なコミュニケーションの幅を広げていくことも重要です。

表出コミュニケーションのアセスメントに関する3つの要点を、表24にあげています。3つの要素を中心に本人が好んでよく使っているコミュニケーションの内容を確認します。

表24 コミュニケーションの3つの要素

文脈	機能		形態
(場所) プレイエリア フードエリア 1対1の勉強 運動場　など (人) 親 慣れ親しんだ先生 近くにいる先生 知らない大人 クラスメート 知っている子ども など	要求	おやつ、おもちゃなどのほしい物を要求する。 例)「おやつください」「ボールをとってください」※	動作 具体物 写真 絵 シンボル ジェスチャー 単語 文章 言語 など
	注意喚起	相手の注意を自分に向けてほしい時のコミュニケーション。 例)「先生」「いいでしょうか」※	
	拒否	差し出されたものや、状況を拒否する。 例)「着替えしたくない」「あっちに行きたい」※	
	コメント	目の前に起こっていること事象を説明する。 例)「これはドライバーです」「つめたいです」※	
	情報提供	相手がもっていない(であろう)情報を伝える。 例)「昨日の遊園地に行きました」「私はもっていません」※	
	情報請求	自分が必要な情報を請求する。 例「今日の工作はなんですか」「お休みの先生はだれですか」※	
	感情	自分の感情の状態を表す。 例)「ドキドキする」「頭が痛い」※	
	あいさつ	習慣になっているあいさつ。 例)「おはようございます」「ありがとうございます」※	

※例に関しては、内容に関連の動作も含みます。

参考文献:『自閉症のコミュニケーション指導法―評価・指導手続きと発達の確認』リンダ・R. ワトソン, エリック ショプラー, キャサリン ロード (著), 厚地友子, 神尾陽子, 金野公一, 内山登紀夫, 幸田栄 (翻訳)

■自立課題アセスメントシートを使ったアセスメント

自立課題アセスメントシートは時系列で本人の行動を記すシートとしても適しています。ある期間、本人の表出コミュニケーションである言動を書き出します。本人が特定の他者に向けて自発的にコミュニケーションしている言動を書き出します(ある程度書き出して、後で該当しないものを削除する方法もあります)。その時に、その言動がどんな要素のものかを考えて記入をしておきます。

表25　自立課題アセスメントシートを活用した基本スキルのアセスメント

課題目標：コミュニケーションのアセスメント　　○年○月○日　　氏名：O児　　記入者：水野							
	項目(工程・活動 等)	P	E	F	活用できる スキル	課題・支援の 必要性	指導・支援の 方向性
1	おもちゃの部品が無い時に、そのおもちゃを差し出す				要求、遊びの時間、A先生、具体物		
2	先生が持っている電車がほしい時に先生の手を引っ張る				要求、遊びの時間、A先生、動作		
3	おもちゃが壊れている時に、先生に手伝ってカードを差し出す				要求(ヘルプ)、遊びの時間、B先生		
4	先生が後ろを向いている時に、先生の肩を2回叩く				注意喚起、遊びの時間、A先生		

書き出した言動のリストを整理しながら、別の自立課題アセスメントシートの項目に、コミュニケーションの各要素（文脈、機能、形態）の内容を書き出します。基本の記入は「できている」「もう少し」「できない」で評価して詳細を右側にまとめます。

記入例　自立課題アセスメントシートを活用した基本スキルのアセスメント

課題目標：コミュニケーションのアセスメント				氏名：O児		記入者：水野
	項目 （工程・活動 等）	P	E	F	活用できる スキル	課題・支援の 必要性	指導・支援の 方向性
1	要求		✓		遊びの場面とオヤツの場面でできている。形態は、具体物を差し出す、指さすが多い	先生が変わると言えないこともある いくつかの慣れ親しんだ内容は写真カードが使える	違った先生への機会を設定する
2	注意喚起		✓			頻度は少ない	
3	コメント			✓			

上記の資料を参考に計画をたてます。「文脈、機能、形態」の要素の中で1つ「もう少し」にして、その他の2つは「できている」で課題を設定します。まず33〜35頁で紹介した情報整理シートに記入して、自立課題シートを使って課題を書き出し計画します。支援した例を参考にしてください

自立課題シートによって課題を1つ設定したら、視覚的な手立て（代替コミュニケーションやリマインダー等）や、教え方、場面設定なども工夫します。

写真22　代替コミュニケーションの例

文脈：おやつの時間にA先生に
機能：要求（○○ください）
形態：絵カード

写真23　コミュニケーションのリマインダー

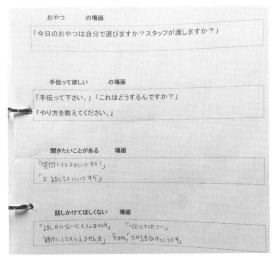

文脈：先生と1対1の場面、相談の場面など事業所全体で
機能：要求、情報請求等
形態：言語（リストを参加にする）

 **好んで使っているタイプの表出コミュニケーション指導** 自立課題シート

日付：○○年 ○月 ○日	氏名：○児	記録者：水野
課題目標	おやつの場面でA先生に写真のカードで好きなお菓子を要求する。	

■ 自立課題アセスメントシートの活用：分類のアセスメント

Pass：できる できている部分・ 強み・活用できるスキル	機能：要求 文脈：おやつ、プレイエリア、A先生 形態：具体物、動作
Emerge：芽ばえ反応 やろうとしている部分・気づいている部分	機能：注意喚起 文脈：1対1の勉強の場面、B先生 形態：写真、シンボル
Fail：できない できない部分・支援が必要な部分	支援者が変わったり、文脈が変わったりすると 表出のコミュニケーションが少なくなる 自分で解決してしまう場面が見られる
その他の情報・資源 および他のフレームワークシート	理解の部分では写真は理解している。絵はマッチングができる

■支援計画

視覚的構造化	視覚的指示	写真カード	図・解説等
	視覚的整理統合	ボードに面ファスナーで固定する	
	視覚的明瞭化	イーゼルのタイプにする	
物理的構造化		おやつの場面（壁向きに座る）	
スケジュール		おやつのスケジュール（絵カード）	
ワークシステム		活用なし	
教授方法＆ルーティンの活用		モデルを別の先生が提示する	
その他（状況の設定等）		好きなおやつと、嫌いなおやつを準備する	

9. 社会的機会の設定

　自閉症の人は、社会的な場面で周囲の状況を判断して適切に対人的な関わりを始めたり、続けたり、時には対人関係を終わりにすることが困難なことがあります。

　社会性の発達には段階があります。接近、並行、共有、協力、役割交代、ルールを守る、対人的相互交渉などです。自閉症の人の多くがそれぞれに課題をもつことがあります。

　それぞれの社会性のレベルの解説を表26に整理しています。

表26　社会性の段階と解説

社会性の段階	解説
接近	近隣・周囲で他の人がいるなかで活動ができる。近隣・周囲の人に気を留めながらも、気にしすぎない、許容できる
並行	近隣・周囲で自分と同じ物を使っていたり、活動したりしているなかで自らもその活動ができる。近隣・周囲で物を使っていたり、活動したりしているなかで、そのことに気を留めながらも、気にしすぎない、許容できる
共有	物などを共有して活動ができる。他者の状態を観察しながら物を使うタイミングをはかる。他者が自分の使っていた物、もしくは共有の物で遊んでいることを許容できる。他者が使っている物を許可を得て使う
協働作業	他者と共通する目標に向かって協力できる。他者に注意を払いながら目標達成を目指すことができる。そのために必要なコミュニケーションができる
役割交代	役割交代の順序を理解でき、見通しをもって活動できる。順番交代に必要な、待つこと、状況を確認することを継続できる
ルールを守る	自然発生する状況を把握してルールを理解できる。ゲームなどのルールが理解できる。物事の公正さについて理解できている
対人的相互交渉	他者のもっている考え方と、自分の考え方の差を知り、コミュニケーションによって情報のやり取りを続け、交渉や調整ができる。他者の視点をイメージしながら進められる。言語、非言語コミュニケーションの理解と表出ができる。やり取りをする時に自分の態度などに気を配ることができる

　私たち教育・支援者は、自閉症の人の社会的スキルを引っ張って無理に身につけさせることはできません。なぜならば社会的な気づきには、ふるまい方だけではない細かいスキルがあるからです。社会的なスキルをトレーニングしても、形式上のふるまい方を身につけているだけで、実は社会的な意味をつかめてない場合があります。そこで、本人の社会的段階を確認して、それに合った機会を設定することが大切になります。

■社会性のアセスメント

　社会性のアセスメントには、「自立課題アセスメントシート」を活用します。社会性の段階「接近、並行、共有、交代での活動、協力、対人的相互交渉」を「項目」の欄に記入して、P（気づいている）、E（気づき始めている・一部分気づいている）、F（難しい・気づいていない）でアセスメントをします。P／E／Fの評価の基準は表26を参考にしてください。

■課題の設定

・気づいている社会性の段階（表26の解説にほとんどあてはまる）

　気づいている社会性の段階は、さまざまなエリアでそれを応用するような設定をします。

・気づき始めている・一部分気づいている社会性の段階（表26の解説に一部あてはまる）

　芽生え反応（気づき始めている・一部分気づいている）の社会性の段階に関しては、そのまま課題にします。その時に、社会的場面への気づきを補う視覚的な手立てなどの支援が必要になります。また、その社会的な機会には、本人の自立的な活動が必要

になります。また、繰り返しの機会の設定が必要になります。

■**難しい・気づいていない社会性の段階（表26の解説にほとんどあてはまらない）**

難しい、ほとんど気づいていないものに関しては課題にしません。そのような場面があった時は、視覚的な手立てなどの支援の中でていねいなサポートがあるなかでの経験にします。

課題設定をまとめるのは「自立課題シート」です。どのような活動で、どのような社会的段階の経験を、どのような支援の中で行うのかを整理します。

記入例　社会性のアセスメント（自立課題アセスメントシート）

課題目標：社会性のアセスメント					○年○月○日	氏名：○さん	記入者：G
	項目（工程・活動 等）	P	E	F	活用できるスキル	課題・支援の必要性	指導・支援の方向性
1	接近	✓			少しの距離があれば接近で活動できる	周囲の人に気づいていないふるまいが見られる	場面の工夫・活動の工夫で接近の機会を経験する
2	並行	✓			あまり興味のないものであれば、ある程度並行で活動できる	興味・関心の強いものであると、状況の整理ができない、活動に影響する	視覚的指示のある明確な活動、活動の精選で並行の機会を経験する
3	共有	✓			先生主導での活動であれば、共有の活動がある程度できる。2〜3人	自分で周囲の状況を意識して共有の活動で混乱する場面がある	3人程度での共有活動を先生の主導で、コミュニケーションを用いて経験する
4	協力		✓		同じ物は触れる	活動している相手の動きなどを意識することが難しい	課題にしない
5	順番交代		✓		活動の終わりを視覚的に提示すれば切り替えることはできる	自分が終わって次のイメージや、周囲が終わるまで待つイメージは難しい	生活場面では、構造化を用いた支援が必要
6	ルールを守る		✓		視覚的に活動を提示することで、その活動はできる	複雑なルールなどを理解することは難しい	生活場面では、構造化を用いて支援し、やるべきことを提示
7	対人的相互交渉		✓			相手のイメージと自分のイメージの違いに気づいていないことがある	課題にしない

 **記入例** ## 社会性のアセスメント（自立課題シート）

日付：○年○月○日	氏名：Bグループ	記録者：
活用できるスキル	課題・支援の必要性	指導・支援の方向性

■ 自立課題アセスメントシートの活用：分類のアセスメント

Pass：できる できている部分・強み・活用できるスキル	先生主導での活動であれば、共有の活動がある程度できる。2〜3人プットイン、1対1の対応したシール貼り
Emerge：芽ばえ反応 やろうとしている部分・気づいている部分	自分で周囲の状況を意識して共有の活動で乱する場面がある
Fail：できない できない部分・支援が必要な部分	相手とリズムをあわせることは難しい
その他の情報・資源 および他のフレームワークシート	理解の部分では写真は理解している。絵はマッチングができる フィニッシュボックス

■ 支援計画

視覚的構造化	視覚的指示	プットイン
	視覚的整理統合	材料がまとまっている
	視覚的明瞭化	プットインの入れる場所が色で明瞭化
物理的構造化		3面のパーテーション、グループエリア
スケジュール		グループ活動の提示
ワークシステム		グループ活動でのいくつかの活動を絵で提示
教授方法＆ ルーティンの活用		わからなかった場合はモデルで見せる
その他 （状況の設定等）		数個いっぺんに入れることができるプットインのおもちゃ

図・解説等

■ **自立した内容を活用する**

　自閉症の人は、1つの場面で複数の課題内容があると、混乱したり、部分的な課題しか意識できなかったりします。社会的な場面で新たな学習や活動の課題を教えることは、複数の課題を同時期に設定することになります。

　そこで社会的な課題設定の場面では、新しい学習や活動ではなく、すでに自立した内容で活動内容を考えます。自立した内容を設定することで、社会的な状況への注目もしやすくなります。

写真24　自立したもので集団活動

自立したスキル

プットインを活用した玉入れ

プットインのスキル

■ **環境設定とグループ編成**

　社会的な機会の設定を教室や事業所で始める時には、いくつかのエリアが必要になります。まず、集団場面で実施する課題・活動を教育・支援者と1対1で学習するスペースが必要になります。また、1対1のエリアでできたものを一人で練習する自立エリアが必要です（特別に集団活動の準備のエリアをつくる必要はありません。すでに1対1エリア、自立エリアがある教室・事業所であれば、その場所で実施します）。

　社会的な場面は、社会性の規模も重要になります。教室・事業所で、2人並行で活動する設定や3～5人程度のグループで活動できる設定が必要です（児童発達支援センターぐるんぱでは並行・共有活動の場所があり、グループ活動をする応用的なスペースがあります（46～47頁参照）。

　グループ編成に関しては年齢や認知レベル、社会性の段階のアセスメントで、同じような段階が課題となっている人だけで編成します。

■ **繰り返しの活用について**

　自閉症の人にとって繰り返しの流れは注目しやすい設定だといえます。材料や内容が少しずつ変わっても、なれ親しんだ活動の流れや、繰り返しの教育・支援者の反応に注目することがよくみられます。少しずつ変化の幅を広げながらも、なれ親しみにつながる繰り返しの設定があると社会的な段階に気づきやすくなります。

事例 13 順番表やコミュニケーションの方法を視覚化して友だちから物を借りる

● NPO法人未来図 [幼児期]

児童発達支援事業を活用しているB児（4歳）は、芽生えの社会的な段階になっている「共有」が課題になっています。今回は共有の課題設定の1つとして小集団での工作などで相手が使っている物を借りたり、自分が使っている物を貸したりすることを課題に設定しました。

普段使っている順番表や表出コミュニケーションの視覚的なヒントなどの構造化や手だてのあるなかで、共有場面を設定しました。

本人が自立していて興味・関心の強い内容を活用することで、物を共有すること、コミュニケーションする意味を明確にした事例です。

▶社会的段階のアセスメント（自立課題アセスメントシート）

課題目標：社会性のアセスメントと機会の設定					氏名：B児		記入者：大野
項目（工程・活動等）	P	E	F	活用できる部分	課題・支援の必要な部分	課題・支援の方向性
1 接近	✓			近くに人がいることに気づき、同じ活動や違うことができる		
2 並行	✓			同じ活動をすることで相手に関わり過ぎたり、自分のことがおろそかになることなく進められる		
3 共有			✓	一緒に使うことが理解でき、相手が使う時に少し待ったり、半分にできたりする	時に、「貸して」等のタイミングがとれない時がある。突発的なことが起こった時に、とまったりがある	突発的なことに対し、本人がどう行動したらよいかなどの概念の学習

●課題のポイント
・社会的な気づきが増えている「共有」段階の機会を設定する
・興味・関心の強い内容で設定する
・できているスキルを活用し、普段活用している順番表やコミュニケーションの視覚的なヒントを活用する
・偶発的ではなく、意図的に場面を設定して実施する

● 関係する自閉症の特性と方向性
・社会性の困難さ（138頁）
・表出コミュニケーションの困難さ（138頁）
・注目の特性（140頁）
・切り替えの困難さ（140頁）

●実際の支援と次へのステップ
・視覚的な指示や表を確認しながら友だちから物を借りることができました。友だちの対応などによって戸惑うこともありましたが、必要な内容を友だちに伝えることができました
・共有場面での機会の設定だけではなく、その時に生じる表出や理解のコミュニケーションの別の機会設定も必要になると考えられます

> **コメント**
> 社会的場面での活動は、自閉症をもつ幼児にとって複雑でわかりにくいものです。この事例は、アセスメントをもとに本人がもっている力を活用して、本人が気づきはじめている段階の機会を設定し、友だちとの関係の中で出てきた問題も先生がじょうずに支援しながら、成功体験につなげています。

▶自立課題シート

日付：○年○月○日	氏名：B児（4歳）	記入者：大野麻琴
課題目標	共有　許可を得てから他者の物を使う	

☑自立課題アセスメントシートの活用：

Pass：活用できるスキル P（合格している部分）・強み・活用できるスキル	・物には自分の物や人の物があることを理解している ・友だちと接近と並行活動はできる ・絵＋文字による指示、順番表の活用ができる ・視覚的指示をヒントにした要求のコミュニケーションができる
Emerge：芽ばえ・課題 E（芽生えスキル）課題になる部分	・友だちとの物の共有による活動が芽生えである ・人と物の貸し借りする気づきがある ・人が使っている時に、「貸して」はうまく切り出せないことがあり、先生に助けを求めている様子。（「貸して」と言われると、「いいよ」と許可は比較的心よく貸していることが多い）
Fail：支援の必要性 ニーズ・できない部分・支援が必要	・色々な状況を判断したうえでの物の貸し借りが難しい ・状況にあわせた友達へのコミュニケーション
その他の情報・資源 および他のフレームワークシート	・A児には、自分のハサミを持ってきてもらう。友だちにはのりを持ってきてもらう。そしてのりとはさみが必要な工作を一緒に行う。それぞれ足りないアイテムを貸し借りする状況をつくる

■支援計画

視覚的構造化	視覚的指示	・順番表（はさみ・のりを使う順番） ・「かして（貸して）」の文字と絵の指示 ・工作アイテムに、はさみで切る指示と切った物を貼る場所の指示（文字・絵）
	視覚的整理統合	それぞれのはさみとのりを整理しておき、二人の真ん中に置いておく
	視覚的明瞭化	順番表がはっきりわかるように壁に掲示する
物理的構造化		社会性の設定として、工作に注目できるように3面の場所で行う（二人組活動エリア）
スケジュール		2人組活動
ワークシステム		
教授方法＆ルーティンの活用		順番表や「かして」の指示などの視覚的な指示を見せながら教える
その他（状況の設定等）		工作アイテムは、本人たちの興味があるものであり、単純で見て理解できる設定としている

■実施後の記録

日時	本人の様子	再構造化・再計画の指針
○年○月○日	・説明を受け、指示を見ている。順番表は日頃から使っているので、説明を受けなくても気づいている。表を見て、自分のりを使う時に、少し戸惑いながら「貸して」と言っている。友だちに「貸してって言わない」と自分が言おうとする前に言われてしまい、戸惑いながら言っている ・友だちにハサミを「貸して」と言われると、「どうぞ」と貸すこともできている	・本人の特性として、取り掛かりがゆっくりである。すぐに整理できず、ゆっくり気づいてゆっくり取り掛かる。友だちの相手として、本人がゆっくりと取り掛かれる相手と行うことも大事である。物を変更、友だちを変更しながら、気づきを積み重ねる ・「貸して」と言われ、「いいよ」と心よく貸すことも多い。なんでも「いいよ」になっていかないかは、確認していく必要性がある ・場合によっては、1対1の場面で、「貸して」「いいよ」についての概念学習を積み重ねることも必要か

事例14 視覚的な手立てを活用してのグループ活動（相互交渉）

● NPO法人未来図 ［ 学齢後期 ］

　学齢期のグループ活動でも、個々の社会性の段階にあわせた課題設定や支援が必要になります。この事例は、グループ活動の内容（お好み焼きのトッピング）をディスカッションしながら計画をたてたものです。Wさんの社会性の段階と支援ニーズに沿って進めています。

　自分の考えと相手の考えを整理しながらディスカッションすることの困難さを、視覚的な手立てで補って、グループ活動の機会を設定した時のアセスメントと計画をまとめたシートです。

課題目標：社会性のアセスメントの機会の設定					氏名：Wさん		記入者：●●
	項目（工程・活動等）	P	E	F	活用できる部分	課題・支援の必要な部分	課題・支援の方向性
3	共有	✓			人と物を共有して使うことができる。快く人に物を貸したり、許可を得て人の物を借りたりすることができる		活用していく
4	協力		✓		人と何かをすることには、抵抗はなく、楽しむことができる	協力するということをイメージすることは難しい。自分のやることに注目しすぎて、相手に注意を払いながら遂行することに苦手さがある	協力することの概念について教える 協力して何かをする具体的な場面を設定する
5	順番交代		✓		役割が具体的に決められていると、担うことができたり、順番を理解し、待ったりすることができる	役割が具体的に決められていない中では、自分から役割を担ったり、見つけたりすることの苦手さがある	役割について、具体的に指示をする中で、担う経験をする。順番の理解については、活用する
6	ルールを守る		✓		具体的に決められたルールは守ることができる	少し複雑なルールの理解は難しい場合があったり、臨機応変にその場の状況で判断しなければならないようなルールの理解は難しい	1つのルールではなく、いろいろな活動のルールを具体的に設定し、ルールを守って活動をする機会を積み重ねていく ルールを具体的に設定する
7	対人的相互交渉		✓		自分に意見がある時には、相手がOKだったら要求を通すことができるということには気づいている	意見を出し合って、一つのものを決めていく時に、どのようなプロセスで決めていくかのイメージが難しい	相互交渉の具体的な場面を設定し、プロセスを視覚的に、提示する

●実際の支援と次へのステップ

・実際の場面では、手順を確認しながら、自分の意見、相手の意見について、確認しながら進めることができました
・違った意見の物をどのように入れるかの場面で、Wさんの方から、自分が入れたい物を1つずつ入れようと提案があり、相手も納得して、それぞれ入れたい物をあげて、3つ物を決めることができました
・今後は、設定された活動で、視覚的手だてを活用しながら、決める内容を変えて、2人で一つの意見にまとめていくという経験を積み重ねていきたいと思います

▶自立課題シート

日付：○年○月○日	氏名：Wさん	記入者：堀

課題目標	相互交渉（2人で、お好み焼きに入れるトッピングを3つ決めることができる）

☑自立課題アセスメントシートの活用：

Pass：活用できるスキル P(合格している部分)・強み・活用できるスキル	・自分の意見を通したい時には、相手に聞いて相手がOKだったら通すことができると、気づいている ・難しい漢字を使わず、4語文程度の文章の理解、数字、表の理解もある
Emerge：芽ばえ・課題 E（芽生えスキル）課題になる部分	・自分の意見を家族には言えるが、それ以外の人に言えるかどうかは自信がない ・相手と意見が違う時には、相談する、ゆずるということには気づいているが、明確ではないし、相手の意見に引っ張られる可能性もある
Fail：支援の必要性 ニーズ・できない部分・支援が必要	・2人で1つの物を決めていく時に、どのような方法やプロセスで決めていくかはわからない。人と意見を出し合って1つのものに意見を絞っていくことの経験がない ・自然な社会的な状況の中で、自分の意見を適切なタイミングで相手に伝えたり、相手の意見を聞くということの難しさがある

■支援計画

視覚的構造化	視覚的指示	①2人で何を決めてもらうかの具体的な指示 ②トッピングを決める時の流れを手順で示す ③どのようなトッピングがあるかのリスト ④自分の希望のトッピング3つを書く表 ⑤意見が違う時に、どのように決めればよいかの具体的指示 ⑥2人で決めた3つのトッピングを書く表
	視覚的整理統合	①～③はA4用紙一枚にまとまっている ④～⑥はA4用紙一枚にまとまっている
	視覚的明瞭化	強調したい文言を赤い文字で提示している
教授方法&ルーティンの活用		2人同時に指示書を見せて、手順等確認し教えている

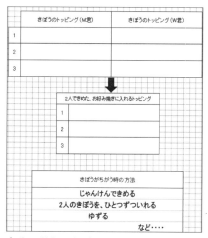

トッピングの流れの手順と、トッピングできる物のリストを活用して提示した資料

自分の希望、相手の希望を整理するための資料を使って話し合いを行う

コメント

生活の中にはさまざまな相互交渉の場面が起こります。相手の考え、自分の考えを整理して、グループ活動をしたり、共通の目標をもって活動することは混乱を生じることがあります。この事例では、とてもシンプルなトッピングを決めるという活動を題材とし、視覚的解説、表などを活用することで、今後につながる機会づくりになっていると感じます。

10. 地域活動・イベント参加

　地域活動やイベントは、変更が多く複雑で自閉症の人とって不安や混乱を与えることがあります。事前の準備と、活動の中での支援が重要になります。
　また、自閉症の人は般化の困難さがあり、生活の中で自立できるようになったことが地域やイベントの中ではできないという場合があります。そこで、日頃の活動の中で身につけたスキルとそれを補う支援によって自立的な活動にする必要があります。

■まずは教室と事業所の中の自立

　地域活動やイベントで必要なスキルは、はじめて実施するものではなく、教室や事業所の中で自立的にできているものについて計画をたてて実施することが必要です。
　『フレームワークを活用した自閉症支援』で紹介した自立のステップに沿って、まずはさまざまな能力、スキルを1対1のエリアでアセスメントし、1対1のエリアで手だてを活用して教えます。できるようになったことは、自立エリアで自立してできるようになり、そこで自立したものを教室や事業所内のさまざまな場所で般化できるように導きます。その繰り返しの中でできている能力やスキルを活用した形で地域活動、イベントで実践します。
　もちろん自立していない部分に関しては、支援を含めたうえでの計画になります。
　地域の中で自立できなくて課題になった部分については、無理にその場で教えないで支援を行い、事業所・学校の1対1のエリアでの課題にしていきます（情報整理シートに起こしての課題設定をおすすめします。33～35頁参照）。

■見通しをもつための支援

　地域活動やイベントは、いくつかの内容から構成されています。そのために活動の見通しを個別化して提示する必要があります。
　日課の見通しもですが、どこで活動するのか、一つひとつの活動の終わりはいつかなどを、地域活動、イベント全体でわかりやすく伝える必要があります。

■具体的な活動の計画

　自閉症の人は、曖昧でわかりにくい時間が得意ではありません。しかし、地域活動やイベントでは、曖昧でわかりにくい時間が発生します。そこで具体的な活動を事前に計画することが必要になります。どんなに計画してもそれでも曖昧な時間が生じることがあります。そこで、時間が空いた時の活動も準備しておく必要があります。

■環境の把握と準備

　地域活動・イベントでの活動では、普段の生活とは違った環境での活動になります。そのことから想定外のことがたくさん起こります。
　そのため事前に支援をイメージしたり、手だてを準備したりすることが必要です。

事例15 クリスマス会での全体の設定と個別の設定

●社会福祉法人つつじ児童発達支援センターぐるんぱ [幼児期]

児童発達支援センターぐるんぱの行事では、クラス全体の設定と個別の設定の両面で準備をします。クリスマス会は、さまざまな活動があり、待たなくてはいけない場面が多くあります。そのため全体的な見通しと提示と個別の視覚的スケジュールも準備しています。以下は行動支援計画シートの応用的な使い方で、全体の設定とK児の個別の設定を提示しています。

課題・活動：クリスマス会	NO.	氏名：K児　記入者：		日付：○年○月○日
工程・活動全般での構造化された支援： 【全体の設定】 全体の活動の流れを視覚的に提示する 必要な園児には個別の視覚的手順カード等を渡す 多目的スペースにパーテーションを設置して全体の境界とある程度の刺激を統制する 事前に参加目標を保護者と確認している		工程・活動全般でのそのほかの手立て、対応等： 【K児への個別化した設定】 ・週間スケジュールにより、事前に活動の予告をする ・活動の流れを写真・絵で提示する ・本人の様子を見て、必要に応じてカームダウンエリアを活用する ・必要に応じてモデルを提示する		
	項目（活動の工程等）	手立て・対応等	本人の様子（強み・困難さを含めて）	支援の方向性
1	開始・はじめの言葉	・各自が座る部分に合図を用意する ・各自の椅子に印や椅子カバーを用意する	・指示があれば先生の支援なしで座り続けることができる	・スタートのタイミングを練習の時に繰り返し練習している。明確な指示を用意する
2	うた（あわてんぼうのサンタクロース）：全員	・各自が待つための合図を用意する ・テープレコーダー等の影響観察する ・うたのアイテムの準備→終わりボックスの利用	・他の活動に注目すると、質問が増え、不安感が高まることがある	・今やるべき活動の提示。気になること、質問については、手順カードを提示しながら説明する。または活動の後に説明することを伝える
3	ぐるんぱ音楽隊：全員	・各自が待つための合図を用意する ・アイテムの準備 ・終わりボックスの利用	・他の活動に注目すると、質問が増え、不安感が高まることがある	・今やるべき活動の提示。気になること、質問については、手順カードを提示しながら説明するまたは活動の後に説明することを伝える
4	手遊びをしよう!!：全員	・各自が待つための合図を用意する ・手遊びの内容の全体用のパネルを準備する	・他の活動に注目すると、質問が増え、不安感が高まることがある	・今やるべき活動の提示。気になること、質問については、手順カードを提示しながら説明するまたは活動の後に説明することを伝える
5	先生の出し物：先生	・各自が待つための合図を用意する ・テープレコーダー等の影響観察する	・風船でつくる活動は、手先の使い方の部分で難しい ・長い時間を待つのは姿勢の保持が難しいことがある	・先生が手伝って部分的に参加する ・姿勢が崩れている時は、座り直しをさせる ・必要に応じてカームダウンエリアで休憩する
6	ダンス「トトロ」	・各自が待つための合図を用意する ・オーディオ等の園児の対応を観察する	・指示があれば先生の支援なしで座り続けることができる ・長い時間を待つのは姿勢の保持が難しいことがある	・待つための明確な指示を用意する ・姿勢が崩れている時は、座り直しをさせる ・必要に応じてカームダウンエリアで休憩する

全体見通しの提示

視覚的スケジュール

劇の流れは繰り返して教えた

11. 健康・衛生管理

　健康・衛生管理は、日常生活の活動と同様に、具体的にしていくことが重要になります。たとえばダイエットであれば、食事の管理の運動に関しても具体的に提示する必要があります。

■いつ・どこで実施するのか

　たとえば運動にしても、健康管理帖をつける時間にしても、いつ、どこで実施するのかが重要になります。つまり指定された場所で、視覚的スケジュールで提示された時間で実施することが重要です。さらに時間を組み込むことで、継続的な習慣につながっていきます。

■視覚的にわかりやすく設定

　その活動の指示も明確に伝えられていることが必要です。その活動をイメージできる明確な指示と、道具などを整理統合した状態で伝えることも必要です。また、健康管理などでは、経過と今後の考察を伝えることも必要になりますので、グラフやマトリックス表などを活用して提示することが大切です。

　たとえば適切な体重や血圧などには幅があります。その幅の理解も難しいことがありますので、適切な状態、適切ではない状態を数値化するだけではなく、その幅も視覚的に境界をはっきりとして伝えることが必要です。

写真25　成人施設でのエクササイズの例

腹筋の時に手をタッチする位置を指示

ボールを集めて、なくなったら終わり

■**習慣と支援**

　健康面も衛生面も終わりがない継続的な事柄です。そこで習慣化して継続的に実施し、調整しながら進めることが必要になります。

　また健康面も衛生面も、自分の考えよりも客観的な視点で見ることが重要になります。そこで、第三者と一緒に管理できる設定も重要になります。支援者と定期的に状況を確認し、専門家からのアドバイスを聞く機会の設定も客観性をもたせるために必要になります。

表27　体調・気分のチェック表

平成　21　年　12　月

	日付／天気	12／6（日）晴れ	12／7（月）晴れ	12／8（火）曇り
	今日の出来事			
	備考（通院状況等）		通院	
体調・生活習慣	食事回数・食欲の有無	3　有／無	3　有／無	3　有／無
	息苦しい感じがあるか			✓
	体温	36.7℃	36.8℃	36.7℃
	便通回数	0	1	0
	睡眠（就寝時間～起床時間・夜中に目が覚めたか）	23:00～6:00	23:00～6:00	23:00～6:00
	運動（内容、回数、時間等）	ジョギング30分	ジョギング30分	ジョギング30分
	体重	68	67.8	68
気分チェック	午前中の気分	4	5	4
	理由			
	午後の気分	4	4	7
	理由			ミスがあった
	夜の気分	7	4	6
	理由	家族と話してイライラ		
疲労サイン（該当する項目の□にレ印をつけましょう）	朝起きづらい	✓		
	日中眠くなる	✓		
	頭がボーっとする			
	目が疲れる			
	肩がこる			
	イライラする	✓		✓
	口調がきつくなる	✓		
	汗が出る			
	ため息が出る			
	否定的になる	✓		✓
	ミスが増える			
	体が重く感じる			
	帰宅後に疲れを感じる		✓	
	気が散り易い			
疲労回復法（該当する項目の□にレ印をつけましょう）	6、7時間は睡眠をとる	✓	✓	✓
	お風呂にゆっくり入る	✓	✓	✓
	ストレッチをする			
	コーヒーを飲む	✓	✓	✓
	ラジオを聴く			
	10分でも1人でボーっとする			✓
	相談をする			
	タブレットを食べる		✓	✓
	ペットの世話をする		✓	
	雑誌や新聞を読む			✓

※気分チェックの欄にある数字は、10段階で評価され数字が多いほど「気分がよくない」を示す。
　通常は4～5が多い

事例16 運動の「いつ」「どこで」「何を」「どのように」などを具体化して教える

● NPO法人陽だまり ［学齢後期］

放課後等デイサービスを活用しているH児の運動に関する指導・支援についての事例です。アセスメントは、自立課題アセスメントシートによるいくかの運動の内容のアセスメントをし、下記のように自立課題シートにまとめました。本人が活動を見通して取り組めるように「いつ」「どこで」「何を」「どのように」そして「終わり」について明確にしました。

▶自立課題アセスメントシートを活用しアセスメント

日付：○年○月○日	氏名：H児	記録者：
課題目標	体を動かす活動を自立的に行う	
□自立課題アセスメントシートの活用：自立課題アセスメントシート「体を動かす」		
Pass：できる できている部分・強み・活用できるスキル	・腹筋、背筋、腕立て、スクワットのイメージがある ・ラジオ体操の音楽にあわせて体を動かす経験やイメージがある ・単語と写真の理解、回数を教えることができる、ワークシステムのチェックのルーティンはある	
Emerge：芽ばえ反応 やろうとしている部分・気づいている部分	・回数やどの体を動かす活動を行うかに具体的な指示が必要である ・音楽を再生するのにスイッチを入れることはできるが、どのスイッチかはっきりしない	
Fail：できない できない部分・支援が必要な部分	・どこでするのか、どのタイミングで、どれぐらいをするのかを周囲の状況から自分で判断することは難しい	

● わかりやすく教える工夫

【いつ】【どこで】
・まずは1対1のエリアで教える
　→運動ルームで一人で実施
・スケジュールで提示
・マットで場所の境界を明確にする

【何をするのか】【どうなったら終わりか】
・運動の内容と回数をカードで記して提示する
・いくつかの運動の内容を上から下に並べ提示
・カードを全部ひっくり返したら終わり
・「スケジュールをチェックします」で次の活動を確認

【どのように】
・明確な指示で伝える
　運動の指示（単語＋写真）、回数の指示、スイッチの色、マットの色
・整理して伝える
　カードがクリップでとめられている、置き場所が立つ目線の高さにある
　周囲に手を伸ばしても当たらない場所にマットが敷いてある
・明瞭化した部分　台
　紙の色が灰色、マットの色

【教え方】
・できない時は、モデルを示す。ワークシステムのチェックの仕方などはルーティンの活用を意識して教える
・最初は少ない回数から行い、少しずつ増やしていく

この手だてにより、運動の内容の確認は習慣化してできるようになったが、回数の確認は時々間違えることがあったため、再構造化の必要があった

コメント

運動は健康管理としてもストレスマネジメントとしても重要な活動です。その運動をはじめる部分から終わる部分までにさまざまな手立てが必要で、そのいくつかの手立てが関係しあって1つの活動が明確になることが、この事例から感じられます。カウントすることが難しい場合は、DVDなどで自動的にカウントする映像を準備するアイデアも考えられます。

12. 健康診断・診察・治療

　健康診断や病院での診察・治療は、自閉症の人にとってハードルの高い活動のひとつです。変化が多く、終わりの見通しがもちにくい、さまざまな器具や薬品を使うので五感の特異性への影響も強く受けます。本人の現在と将来にとって重要な活動ではありますが、その目的を本人が理解することは難しいことです。そこで、さまざまなステップが必要になります。

■予防と定期健診を重視する

　自閉症の人にとって治療は大きなハードルになります。痛みや感覚刺激を伴う治療は、スモールステップで進める必要があります。そこで、まずは予防と定期健診を重視して、初期段階での治療につなげる必要があります。

　特に歯科に関しては、日頃からのケアを完璧にすることが難しいと考えられ、治療の痛みや感覚刺激が大きなハードルになります。まずは定期的に通院し予防的なケアにつなげることが大切になります。

■スモールステップで進める

　大きなハードルである治療をいきなり始めることは困難です。スモールステップで進めることが必要になります。ここで2つのスモールステップの提案をします。

　ひとつ目は普段から指導・支援者が接触し、口の中に歯ブラシなどを入れて観察する時間を設定することです。もちろん、将来に向けて手順書や手順カードなどを確認しながら進めていきます（身体の部分への支援者の接触などに関しては本人、保護者の同意が必要になります）。

　ふたつ目は通院の段階をスモールステップで進めることです。いきなり治療から通院するのではなく、日頃から定期的に健診や医師との面会を目的に通院します。ケースによっては、まずは医院の医師と面会して体に触れてもらったり、ロビー通院から始めたりする場合もあります。その際に、学校や事業所で使用した手順書・手順カード等のアイデアと同じものを活用することで見通しをもって行動することができます。

写真26　歯科検診でのスモールステップ

まずは歯ブラシを使って

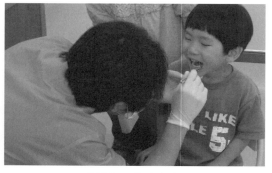
見通しのある安心

■終わりと次の活動を明確にする

　健康診断・診察・治療が自閉症の人たちにとって怖い部分は、嫌な活動がいつ終わるかの見通しがたたないことです。そこで、健康診断・診察・治療の際に使用する手順書・手順カードでは、「どうなったら終わりか」と「終わったら何かがあるか」の情報を伝える必要があります。

　個別化として終わりまでの流れが短いほうがよい場合や、終わって次の活動が本人のとても好きな活動・物などを提示するほうがよい場合もあります。

写真27　健診場面での見通しをもたせる工夫

絵のめくり式手順

見通しを伝える写真の指示

■医療機関との連携

　さまざまなプロセスには、通院先の医師や看護師などの協力が必要になります。事前に本人の特性を口頭と特性シートを活用して説明したり、通院中に想定される行動を伝えて計画をたてたりする必要があります。特性を説明する時には、どのように接したらよいのか、待ったほうがよいのか、本人を導くのか、見守るのかの情報を活動の前と実施中にも伝えていきます。

写真28
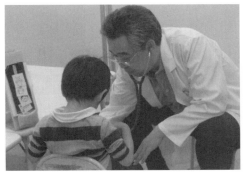
医師とも本人のステップを確認

事例 17 見通しと安心の将来に向けての診察や治療の習慣づくり（事前トレーニング）

● NPO法人陽だまり ［幼児］

NPO法人陽だまりでは「将来に向けての習慣づくり」を目的として、幼児期から計画的に診断、診察、治療に向けての準備トレーニングを実施しています。

自閉症の人の感覚の特異性や見通しのもちにくさに配慮して、スモールステップで人から接触される習慣や健康チェックを行っています。そこでは活動の流れと明確な終わりの提示について視覚的な手順カード等を活用しています。この事例は、その中の一人の幼児への取り組みです。

●課題のポイント

- まずは身体接触やおもちゃの聴診器・注射から練習し、見通しをもって終わる経験を繰り返し、習慣にした
- 視覚的に手順を提示した
- 先生と1対1の場面からスタートして、医療機関の通院につなげた

●経過の報告

- 特性や診察に関わる内容のアセスメントを実施し、事業所の中での事前練習を重ねていきました。その際に、痛みや恐怖がともなわないように診察道具を当てられても大丈夫な場所からスタートしていき、徐々に実際の診察時にも接触されたり、器具をあてられる箇所に範囲を広げていきました。練習は落ち着いて取り組むことができるようになってきました
- 実際の病院の受診では、待ち時間がとても長いため、待ちきれないことが多いとの情報が保護者からあり、まずは事業所の中で待ちますカードの活用を練習し、さまざまな場面で待ちますカードで待つ機会を広げていきました
- 病院の方へ「医療機関へのお願い」という形で、情報提供をしながら待ち時間への配慮や工程の提示などを配慮してもらうように依頼し、実際の通院につなげています

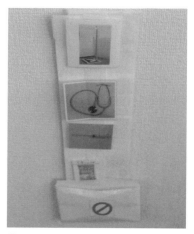

見通しをもつための手順カード

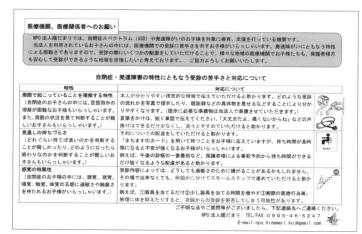

「医療機関へのお願い」の資料

コメント

医療機関の受診に向けて、アセスメントに基づくスモールステップでていねいに実践している事例です。まずは事業所で習慣をつくった後に実際の受診につなげることは、受診をポジティブに見通せるようになるためのステップとして重要です。

▶関連する特性と支援の方向性（A計画：自閉症・発達障害特性シート）

特　　　　　性	本人の行動や特性	指導・支援の概要
時間整理統合の特性 日程の計画や調整、活動や手順の調整、実行機能の困難さ　など	活動の流れや、どれぐらい続くかなどの見通しをもつことが困難である	スケジュールで本人が見通しをもてるよう提示を行う。上から下のチェックなどルーティンを活用する
長期記憶の特性 長期に脳に維持される記憶、経験した記憶が消せない特性　など	いやな記憶がある場面になると拒否するなどが見られる。病院の受診などに苦手さをもっている	初めから正しい方法で教える。本人がわかりやすい情報で伝えていく
感覚の特異性 視覚刺激、聴覚刺激、味覚刺激、嗅覚刺激、触覚刺激などによる反応、または鋭敏さ、鈍感さ	ジェットタオルやトイレを流す音、金属などのこすれる音に過敏さがみられ、耳をふさぐことがある	苦手な音を確認、把握しながら、イヤマフの使用を含めた配慮の仕方を、保護者との共通認識のもとに進める

▶自立課題シートによる全体的なアセスメントの集約と支援計画

Pass：活用できるスキル P(合格している部分)・強み・活用できるスキル	椅子に座る。他者と対面して座ることができる。上から下にスケジュールをチェックするルーティンがある。封筒のポケットにカードを入れることができる。視覚的な提示に注目するルーティンが付きつつある。おやつへの興味・関心が高い
Emerge：芽ばえ・課題 E（芽生えスキル）課題になる部分	診察のイメージはあるが、どのような内容の診察があるのかわからない。医療道具の意味がわからず、痛くないものにも恐怖心があると思われる。待つ場面で椅子に座っていることができるが、どれぐらい待てばよいのかの判断が難しい
Fail：支援の必要性 ニーズ・できない部分・支援が必要	感覚の過敏さ。どの場所で、どのタイミングでどの内容の練習を実施するのかを自分で判断することは難しい

■支援計画

視覚的構造化	視覚的指示	写真の提示での手順カード、封筒、終わりのマーク、おやつのカード、待ちますカード
	視覚的整理統合	チェックした手順を入れる封筒が一体型になっている
	視覚的明瞭化	台紙の色とカードの色の違い、カードを入れる封筒の終わりのマークが赤色
物理的構造化		グループ活動のエリア、椅子が2つ出ている設定
スケジュール		グループ活動
教授方法&ルーティンの活用		上から下のルーティンで手順カードをチェックする。指示を見せたり、指さしで注目を促し、提示されている診察の内容に注目してもらう
その他（状況の設定等）		まずは、本人が大丈夫な部分から診察道具を当てていくことから実施していく。おやつは事前に少量のおやつを皿に入れて準備しておく。待つ場面では待ちますカードを使用する

13. ストレスマネジメント

　自分のストレスを管理することは定型発達の人にも難しいことです。ストレスマネジメントで重要な視点は、どのような時に、どのようにストレスを感じるのか、ストレスの要因になっているものは何かを知ることです。またストレスやストレスの原因になっていることを、どのように解消するのかを知ることも重要です。そのふたつを知ったうえで意識的に工夫することが必要になります。

　自閉症の人にとっては、ストレスの要因、ストレス時の自分の状態、ストレスへの対処や工夫の仕方を認識し整理することが難しいのです。そこで、ストレスマネジメントのアセスメントとデザインを、教育・支援に関わる私たちが進めていくことが重要になります。

■ストレスの要因の軽減

　ストレスマネジメントでは、まずストレスの原因になっていることを調べることが必要になります。いくつかの要因を氷山モデルの図に示しています。

図7　氷山モデルで考えるフラストレーションの状態と要因

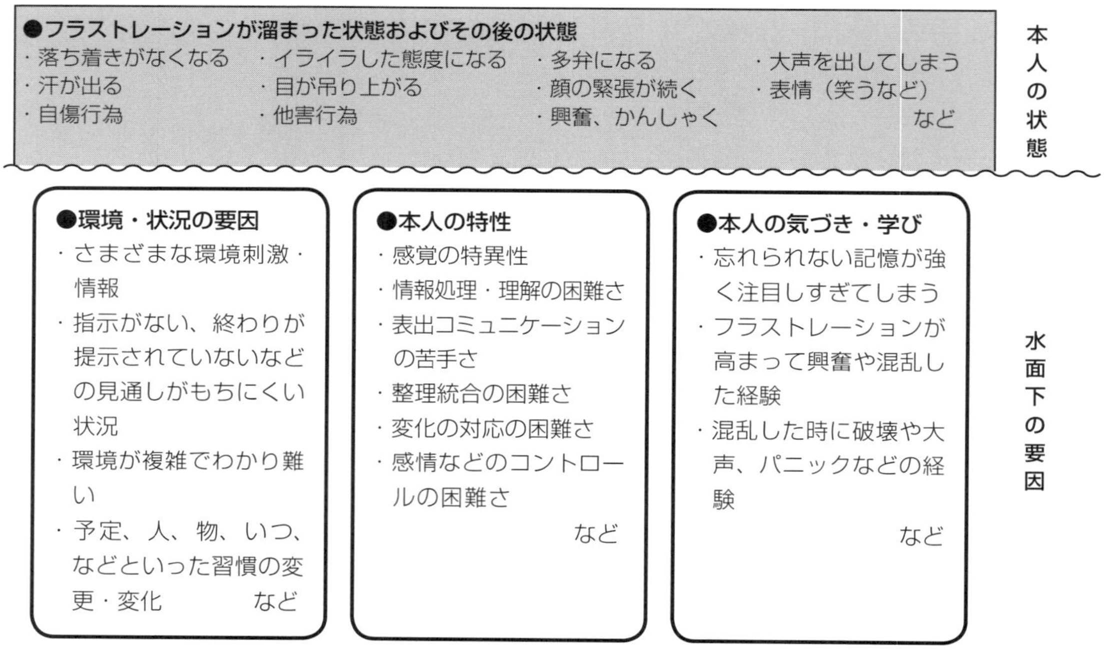

●フラストレーションが溜まった状態およびその後の状態				本人の状態
・落ち着きがなくなる	・イライラした態度になる	・多弁になる	・大声を出してしまう	
・汗が出る	・目が吊り上がる	・顔の緊張が続く	・表情（笑うなど）	
・自傷行為	・他害行為	・興奮、かんしゃく	など	

●環境・状況の要因	●本人の特性	●本人の気づき・学び	水面下の要因
・さまざまな環境刺激・情報 ・指示がない、終わりが提示されていないなどの見通しがもちにくい状況 ・環境が複雑でわかり難い ・予定、人、物、いつ、などといった習慣の変更・変化　　など	・感覚の特異性 ・情報処理・理解の困難さ ・表出コミュニケーションの苦手さ ・整理統合の困難さ ・変化の対応の困難さ ・感情などのコントロールの困難さ 　　など	・忘れられない記憶が強く注目しすぎてしまう ・フラストレーションが高まって興奮や混乱した経験 ・混乱した時に破壊や大声、パニックなどの経験 　　など	

　その要因がわかったら、その要因を軽減する設定を行うことが必要になります。その時に役にたつシートが氷山モデルシートです。環境の要因と特性を整理して支援計画をたてます。

■**予防的な対策**

ストレスマネジメントで重要なことは予防的な対策をたてることです。本人のストレスが溜まって沸点に達して爆発させるのではなく、その前にクールダウンさせる必要があります。

おもな対策としては、生活全般の環境設定や視覚的に見通しをもたせる手だてや、普段からの有酸素運動やリラックスできる活動を習慣にすることなどがあります。予防的な対策について図8で示します。

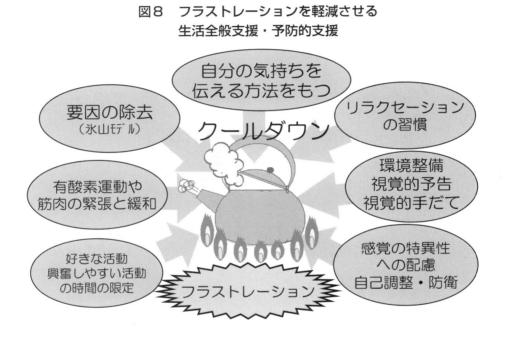

図8　フラストレーションを軽減させる生活全般支援・予防的支援

■**リラックスを習慣にする方法**

予防的な対策の中でリラックスを習慣化する方法があります。本人の特性を考慮した内容や、一般的にリラクセーションの方法とされているものを、まずは生活の中での一番落ち着いた時間に練習し、習慣をつくるという方法です。

どんなに有効なリラクセーションの方法も、本人が不安定な時に練習すると、その時の状態とリラクセーションの方法が結びついてうまくいきません。そこで、まずリラックスしている状態と方法を結びつける過程が必要です。そのプロセスを表28にしましたので参考にしてください。

表 28　リラックスを習慣化するステップ

1．リラックスの方法を探す 　以下のポイントでリラックスの方法を探します 　・自閉症の特性を考慮した内容（感覚的なもの、繰り返しの仕事など） 　・一般的な方法を試みる（体操、音楽、コーピンググッズなど）
2．リラックスの方法を実施する（スケジュールに提示する） 　一日の中で一番リラックスしている時間にリラックスの方法を実施します。この段階はリラックスの習慣をつくっている状態ですので、興奮している時やストレスが溜まった時には実施しません
3．リラックスを習慣化する 　しばらく「2．リラックスの方法を実施する」の段階を繰り返して、リラックスの方法を習慣化させます。徐々にさまざまな場面、時間で実施できるようにしていきます
4．本番の実施（変更システム等で伝える） 　本番は、フラストレーションが高まった状態ではなく、その前です。その前の状態を周囲や本人が調べて把握しておく必要があります。その状態の時に、活動の変更として習慣化したリラックスを実施します
5．本人が支援者に伝えて実践 　ケースによっては、本人がリラックスの方法を支援者に伝えて開始する場合もあります

■経過記録をとる

　ストレスマネジメントの支援や前著『フレームワークを活用した自閉症支援』の行動支援では、支援の効果がすぐに出るわけではありません。そのために継続的に本人の状態を観察し記録していくことが重要になります。さまざまな記録の方法がありますが、本章では教室・事業所で始めやすいインターバル記録を紹介します。

　学校や事業所の記録で重要なことは、継続できること、経過測定できて活用できることです。インターバル記録は、ある時間帯（筆者は15分か30分のインターバル記録が学校・事業所などの現場支援では適切であると考えています）でのその事象（行動）が起こったか起きなかった、または起きた回数をチェックします。起きた回数までチェックが難しいのであれば、「あったか」「なかったか」だけをチェックすればよいと思います。大事なのは継続です。

　ストレスマネジメントでは、まずフラストレーションが高まった時の本人の行動や状態をアセスメントにより決めます（たとえば、自傷行為、奇声）。その行動や状態をインターバル記録で確認していきます。継続的に記録をとる方法もあります。ある特定の期間のベースとなる記録をとって、支援後に間をおいて同じ条件で記録をとる方法もあります。

　今回、資料に掲載しているインターバル記録（CD-ROMに収録）は筆者が支援で使っている様式です。

事例18 アセスメントをもとにカームダウンエリアでの過ごし方

●社会福祉法人つつじ児童発達支援センターぐるんぱ ［ 幼児期 ］

児童発達支援センターぐるんぱに通うKさんは、通園バスや集団活動などの社会的な場面の後に興奮しやすく、大きい声を出すなどの様子も見られました。そこで、計画的にスモールステップでカームダウンエリアの活用を習慣化する支援を開始しました。

まずは本人がリラックスしている時間帯にカームダウンエリアでの過ごし方を学習し、少しずつスケジュールや変更の提示で活用できるようにすすめました。

カームダウンエリアでの過ごし方も、いくつかの内容をアセスメントしたうえで本人が落ち着く内容を精選しました。

▶氷山モデルシート

氏名：K児	日付：○年○月○日
	記録者：瀬山

行動目標：カームダウンエリアを活用してリラックスできる時間を増やす
　①カームダウンエリアを設置しスケジュールに入れて実施する
　②変更システムでカームダウンエリアを実施する
　③カームダウンエリアの使用を要求する

課題となっている行動
【普段から登園時、集団活動後、給食後など社会的な場面の後に興奮した状態が続く】
行動観察：室内を走る、大きな声を出す（高音の音を出す）、息が荒くなる、床に寝そべるなどの様子が見らる。日中活動では、その時期の興味関心（換気扇、虫、光、人　等）の好きな活動はあるが、活動後に興奮が続き、注意散漫になり、行動統制も難しい状況だった

環境・状況の要因	本人の特性	本人の気づき・学び
・集団活動の時間がある ・好き嫌いを問わず、本人に影響を与える刺激が多い ・カームダウンする時間が設定されていない ・カームダウンエリアの使い方を教わってない	・感覚の特異性をもち、さまざまな刺激に影響をうけやすい ・1つの部分に注目する ・自分のストレス等の状態を知り調整することは難しい ・要求、ヘルプなどのコミュニケーションをすることが難しい	・周囲の状況等によって、興奮した以前のイメージをもちやすい

活用できる本人のスキル	代表的な具体物の理解、エリアの境界のイメージ、トランジッションカードの理解
活用できる本人のきづき	園や保護者からの情報を基にアセスメントして、おもちゃや感覚的に好むことがわかる
活用できる他の資源	園ではスケジュールおよび変更のシステムを活用できている

支援計画 ※支援の具体的な計画は自立課題シートで整理する方法もあります
①カームダウンエリアを設定して習慣にする 　・部屋の準備：クラスルームの一角に準備 　・カームダウングッズをアセスメントし、内容を決める 　・スケジュールに入れ、短い時間から実施。 　・変更のシステムで必要な時にカームダウンエリアを活用する

5章　さまざまな生活場面の具体的な支援計画（C計画）

●導入後からの経過記録

日時	本人の様子	再構造化・再計画の指針
○／△	●カームダウンエリアの活用の仕方を学習する ・まずは1対1で先生と一緒にカームダウンのエリアで過ごす ・特に本人が興奮していない状況から入ることで、適切にカームダウンエリアで過ごすことを学習することができた	カームダウンエリア
○／△	●スケジュールで時間を設定して実施する ・登園後、集団活動後など社会的な場面の後にスケジュールでカームダウンの時間を追加する。初めはエリアから出て来て、室内を走る様子が見られた。エリアに準備をしているおもちゃや感覚グッズでは遊ぶ様子が見られなかった	好きなおもちゃが選択できるように写真カードを準備。また、定期的に内容を見直し、本人が落ち着ける物を準備する カームダウンエリアの具体物のスケジュール
○／△	●必要な時間に実施する ・定期的にカームダウンの時間をつくることで、活動後の興奮時間が短くなった。また、興味関心の強い活動をしている間は先生の指示が入らないことが多かったが、一度カームダウンエリアで過ごした後に指示を伝えると指示に注目ができるようになってきた。カームダウン後は切り替えの助けにもなっている ・Y君本人からも「カームダウンに行きたい」と要求が出るようになった	定期的にスケジュールに入れる以外に本人からの要求時にもカームダウンエリアに行けるようにした また、家庭でも部屋の一角にカームダウンの場所を準備し、クッションなどを置きリラックスできる時間をつくるようにした

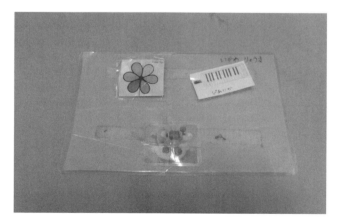

カームダウンエリアでの内容は選んで実施した

生活全般でリラックスしている時間が増えてきた

14. 移行・引っ越しの支援

　人生の中では入園・入学、進級、進学、転校、就職、引っ越しなどの移行があります。自閉症の人は変化への対応の困難さがあります。また１つの場所で学んだことを他の場所で応用することの難しさがあります。状況の変化で混乱し、今まで手がかりにしていた状況がないことで動けなくなるケースもあります。混乱をできるだけ少なくし、スムーズな移行ができるための重要な視点を整理します。

■個別化して予告をする

　移行や引っ越しは、多くの見通しを伝えることが必要になります。いつ、どのように、どこになどの情報を個別化して予告する必要があります。

　個別化の内容には、視覚化のタイプ、整理の仕方だけではなく、予告をするタイミングも必要です。

■移行を本人が経験する

　本人が気づかない間に状況が変わってしまうことは、大きな変化として本人に混乱をあたえ、状況の変化を理解できないことにつながります。そこで移行では本人が参加できる形で計画をたて、そして個別化した予告をすることが大切です。

　引っ越しであれば、枕やお気に入りのグッズを自分でもって新しい家に運んでもらいます。そうすることで、今日からここで暮らすということが明確になります。そのための物を置く場所の指示なども明確にしておく必要があります。

　進学・進級であれば、保護者や先生が道具を持つのではなくて、重要な物は本人に持ってもらい新しい場所に、指示を見て、運ぶ経験をすることで、教室が変わったことを知らせることができます。

■１日目からの成功体験を積み重ねる

　新しい場所での活動がスタートする時に「少しなれるまで、様子を見ましょう」という発想をもつ支援者がいます。しかし、自閉症の人は変化が得意ではありませんし、長期記憶の特性で一度学んだことを修正することが得意ではありません。１日目に経験したことが、その後の生活に大きな影響を与えます。

　そこで、１日目からできるだけ本人にあわせた支援を設定し、視覚的なスケジュールや変更のシステムなども正しく経験させる必要があります。

事例19 児童発達支援事業所でうまくいっている支援を家庭に移行

● NPO法人未来図 ［幼児期］

　M児は、NPO法人未来図の児童発達支援事業を週に2回利用しています。事業所で特性や本人の理解の仕方のアセスメントを実施し、必要な手立てや環境設定などの支援について整理し、保育園でも同様の支援を開始しました。

　今回は、その後に実施した事業所と保育園で行った同じ支援を、家庭にも導入した様子を紹介します。

●課題のポイント
・本人の特性を保護者と事業所、保育園とで共通認識し一貫した視点をもった
・一貫した視点を大事にしながらも、その環境ごとにあった調整を行った
・具体的な場面でのアセスメントをもとに計画を立てた

●関係する自閉症の特性と方向性
・注意注目・切り替えの困難さ（140・141頁）
・刺激に影響を受けやすい（144・145頁）
・言葉の理解の困難さ（138・139頁）

実際に家庭訪問をしてアセスメント

●家庭での支援の導入前の準備
・物理的構造化の視点で家の中での配置図
・家庭での生活シナリオ
・スケジュールの準備と方法のマニュアル

▶自立課題アセスメントシート

課題目標：家への支援を入れる（夕方〜寝るまで）　　氏名：M児　　記入者：大野麻琴

	項目（工程・活動等）	P	E	F	活用できる部分	課題・支援の必要な部分	課題・支援の方向性
1	トイレ		LE		トイレの中に入ったら座って用を足す	自分からはしない。常に大人の声かけが必要。拒否も多く、逃げることもある。順序が統一されていない。食事の匂いがすると、気がそれて、なかなか取りかかれない	玄関にトイレがあるので、リビングに行くドアを閉めて、トイレに行ってからリビングに入るように一貫させる
2	手洗い			✓	同じ活動をすることで相手に関わり過ぎたり、自分のことがおろそかになることなく進められる		いつも同じだったり、未来図や園で使用しているスケジュールの設定を家庭にも導入し、することにまず自分で気づけるようにする
3	靴下を脱ぐ		LE		脱いだら脱ぎっぱなしである		脱いだら入れる場所を決める。いつも同じ場所にする
4	食事		LE		自分で食べようとはする	食べている途中で椅子から降りたり、「トイレ」と言い逃げる事がある	食事をとる場所を壁際にして、すぐに離席できないような場所にする
5	自由遊び			✓	好きな遊びはある（本を読む、音が出る物、DVD、歌やセリフを繰り返す等）	・玩具を棚からすべて出してそのままで片づけない ・本人に関係のない棚等も好き勝手に触りだす ・ソファに登ることもあり、危険もある	・玩具を減らすことも大切。遊びの終わりは終わりボックスを活用する ・元ある場所に戻す事は難しいため、最後にいくつかだけは終わりの箱に入れてもらう。棚の中を触ることは、棚の向きを本人があまり通らない方向に向ける
6	お風呂			✓	服を脱ぐことは自分で行い、脱いだものをカゴに入れることはできる	お風呂への切りかえがうまくいきにくい時もある。半分ぐらいが裸で出てくる。着替えはほぼ大人がしている	これから何を行うかが自分で気づけるように、スケジュールを導入していく
7	歯磨き			✓	うがいはできるか？	自分でごしごしはできない。順序などもイメージは難しい	切り替えは自分でできるようにするが、歯磨き自体は、今は大人がする
8	寝る	✓			寝ることはうまくいっている		刺激がなく、どこで寝るのかが明確になっている

▶自立課題シート

日付：○年○月○日	氏名：M児	記入者：大野麻琴
課題目標：未来図→家への移行支援（①本人が自分でこれからすることを理解できる。②自立的な行動が増える ③おばあちゃんでも支援や対応ができる）		

☑自立課題アセスメントシートの活用

Pass：活用できるスキル	・未来図や園では、刺激を整理しどこで何をするかを明確にしていることと、具体物のスケジュールを用いて本人に今することを提示し、生活がうまくいっている
P（合格している部分）・強み・活用できるスキル	・指示が明確であると、その指示を見て取り組む気づきがある。やりたい遊びの要求は出る ・複数の工程は難しいが、シンプルで1つのことなどは取り組もうとする
Emerge：芽ばえ・課題	・食事等、注目が続かずに、離席したりすることも多い。最終的には大人とともに行うが、トイレなどもまずは拒否になりやすく、切り替えがうまくいかない
E（芽生えスキル）課題になる部分	・遊び始めると遊ぶが、終わりを求められても、終わりにくい
Fail：支援の必要性	・朝起きてから寝るまで活動を進めていくことは、自分からはしようとしない。ほぼ声かけや促しが必要である。自分で理解して何かをすることは、できていない
ニーズ・できない部分・支援が必要	
その他の情報・資源 および他のフレームワークシート	・週に2回、保育園を早退し、児童発達支援事業所未来図利用 ・毎日保育園に行っている

■支援計画

物理的構造化	・食事　遊び　着替え　靴下を脱ぎ置く場所　等のエリアを決めている ・それぞれのエリアを分けて設定をしている
スケジュール	具体物で1コマの提示。切り替えの時には、終わりボックス（今しているものをその箱に入れて終わり）+小さなボール（トランジッションカードの代わり）を渡す
教授方法&ルーティンの活用	スケジュールは園と未来図と同じ物を使う

具体物1つ提示のスケジュール

活動のエリアの設定

マットなどで境界の明確化

●家庭での支援の導入当日の様子

・家の中の配置は導入1日目の午前中に父に設定してもらう
・未来図スタッフが家に行き、事前に配置を確認・調整する
・どのようにスケジュールを設定したり、トランジッションボール（スケジュール確認）の渡し方などのシミュレーションを父・祖母や母と行う。簡単な準備のマニュアルも渡す
・本人が帰宅し、準備はできている状態。未来図や園と同じように、トランジッションボールを保護者が渡し、活動を進めてもらう。未来図スタッフが、準備や設定のポイントを伝える

> **コメント**
> 事業所の中でうまくいっている環境設定や支援を応用するだけではなく、家庭の状況にあわせて調整している視点は、移行支援のよいモデルになると思います。特性を基本にしながらも環境にあわせて調整することが重要です。

事例20 一貫した環境設定や支援の継続を念頭においた引っ越しの支援

● NPO法人未来図 [幼児期]

家庭に支援（事例19）を導入後、1年間家族で継続的に必要な部分は再設定をしながら、取り組みをしてきました。そして今回M児宅が引っ越しをすることになりました。その引っ越しの前に、必要な支援や指導等を保護者と確認をして、保護者中心で引っ越しを行った事例です。

●課題のポイント
- 本人の特性を保護者と事業所、保育園とで共通認識し一貫した視点をもった
- 一貫した視点を大事にしながらも、それぞれの環境ごとにあわせた調整を行った
- 具体的な場面でのアセスメントをもとに計画をたてた

●関係する自閉症の特性と方向性

特　性	本人の行動や特性	指導・支援の概要
転導性・衝動性 注意・注目の特性	・見える物への注目は強く、注目している範囲は狭い。注目してほしい所に、なかなか注目しにくい ・切り替えの際に、なかなか終われないこともある	・注目してほしい情報をコンパクトに提示 ・環境の設定（必要のない物、刺激になるものは隠す、見えなくなる設定）。物理的構造化。導線を配慮する
変化の対応の特性	・今日することや突然の変更でパニックということはないが、突発的なことがあると固まったり戸惑いがある（まだ先の見通しにさほど気づいていない。今と次すること）	・変化を視覚的に伝える ・変更に本人が気づけるような機会を設定する
般化の特性	・さまざまなことを、人や場面とセットで理解したり、学ぶため、同じようなことでも人や場面が変わるとできなくなったりする	・生活全般で、本人が理解している一貫したシステム・支援を活用していく
長期記憶の特性	・一度イメージした内容を記憶している ・聞いた情報をよく覚えておりCMのナレーション、歌をそのまま覚えている ・人の口癖を同じように真似する（よく似ている）	・視覚的な支援があるうえでの成功体感につなげる ・変化する部分と変化しない部分を明確にする

●家庭での支援の導入前の準備
- 物理的構造化の視点で家の中の配置図
- 前の家で使っていたものをそのまま使用する

● 家庭での支援の導入当日の様子
- 引っ越しの片付けなどを見て、何かが変わることは気づいている様子。口頭で「お家引っ越し変更」と母に伝えてもらった
- 引っ越し当日は、家全体の引っ越しに追われ、雑然とする中で計画通りにいかない部分もあった。本人も自分が何をしていいのかわからない様子が観察された。その後、引っ越し前の家庭での支援を計画通り実施したことで、本人はとても安心している姿が見られた

コメント
生活の場所が変化する時は、想定外のことが起こります。だからこそ想定した計画を事前に実施していくことが重要だと気づかされる事例です。ただ視覚的な支援を同じように使うのではなく、環境や状況にあわせながら調整することが重要です。そのためにも本人の特性を中心に協働チーム間で共通認識することが重要ですね。

▶自立課題アセスメントシート

課題目標：引っ越し				氏名：M児		記入者：大野麻琴
	項目（工程・活動等）	P	E	F	活用できる部分	課題・支援の必要な部分	課題・支援の方向性
1	引っ越しすることの気づき				・実際に見ることで気づくことができる ・「終わり」の概念に気づいている。どこかに行くこと等は、好む活動である	引っ越しするという言葉の意味は気づいていない	・自分で自分の荷物を1つでも持たせ、引っ越しをする ・物がなくなった家を見せるなど、引っ越しの過程を見ることも、本人にはよい気づきとなるだろう。その際に、「引っ越し。変更」等のフレーズを使うと学習にもなるのでは
2	いつ引っ越しを伝えるか？				当日に、「引っ越し。変更」等伝えると、これから何かが起こるということは気づける	事前に伝えすぎても、理解できずに、気になりすぎる可能性がある	事前に情報を与えることにより、気にしなくてよい面まで気にして、現在への注目にも影響するかも。いつ伝えるかは、本人の情報をキャッチできる時期や内容とともに検討する
3	どこに引っ越すか？				・終わりのマークは理解できる ・写真を見せる＋「行くよ」で、どこに行くか理解できる	・言葉だけで新しいお家と伝えても、理解することは難しい。言葉だけが残るかも ・新しいという概念ではなく、「引っ越し先＝新しいお家」等	引っ越し当日すべて荷物が片づいた後に、今のお家の写真の上に終わりのマークを提示し、新しいお家の写真を見せるなど、よい気づきにつながるか
4	家の中の構造化				・本人はどこで何をするかが明確であれば取り組みやすい ・刺激の統制を考えた場所（導線も重要）であると、食事や着替えにも注目しやすい	どこで何をするか決まっていないことや、遊びの横で着替えなどになると、切り替えが難しかったり、注目がそれるということが起こりやすい	新しいお家も、刺激の影響を考え、どこで何をするかを事前に計画する
5	することを自分で理解する				いつも同じシステムで自分のこれからする活動が提示されていると、本人も周囲から期待されていることに気づきやすい	言葉かけだけだと、注目がとてもよい時にしか応じられなかったりする	新しいお家にも、これまで使っていたスケジュールを設定すること

☑P＝できている ☑E＝芽生え反応・気づいてはいる ☑F＝できない

本人の全体の様子	活用できるスキル	課題・支援の必要性	指導・支援の方向性
・何かが変わることはさほど抵抗ないように見えるが、事前に伝えすぎたりすると理解しきれない部分で気になりすぎることも想定される ・せっかくの機会であるので、学ぶ機会にもできる	・写真や終わりのマーク ・本人のイメージのある、シンプルな言葉　等	曖昧な表現や言葉だけで伝えることで気づききれず、不具合が起こる可能性も想定できる	・本人の情報処理できる範囲やいつ伝えるか？ ・当日どんな方法で本人の引っ越しを経験させるか、引っ越し先の当日からの支援設定で何があるとよいのかを計画している

引っ越し前に使っていたスケジュールなどのシステムを活用する

5章　さまざまな生活場面の具体的な支援計画（C計画）

TOPIC

支援計画の移行のポイント

療育機関から保育所や幼稚園、保育所、幼稚園から学校と、さまざまな移行の時期があります。筆者は、これまでさまざまな移行支援を経験してきました。また、移行のコーディネートやアドバイスをしてきました。そして多くの皆さんから移行したあとの支援の一貫性の難しさに関する悩みの相談を受けました。

移行支援では、環境・状況が違う場所へ一貫した指導・支援の継続をすすめていくことが重要になります。しかし、環境の状況の違いが大きなハードルになっています。

筆者が統括している【児童発達支援センターぐるんぱ】でも、事業所から幼稚園等への移行や、卒園後学校への移行など、移行に関するアプローチや移行支援ミーティングを実践してきました。そのなかでは、具体的な生活場面ごとの細かい支援の方法の前に、自閉症の特性理解やそれに付随する全般的な支援・指導の方向性、つまり軸の部分をしっかりと移行することを重視しています。

移行の時に、どうしても具体的な生活場面ごとの細かい支援に関して意識します。しかし、生活内容や環境が大きく変わるなかで、その生活場面ごとの計画すべてを再現することが難しかったり、移行してしばらくはよくても、やがて再設定、再調整することが難しくなったりするケースを見ることがあります。

移行支援の短い時間の中で、具体的な支援内容を無理矢理に詰めこむのは現実的ではありません。移行支援ミーティング後のやりとりで具体的な支援については直接観察していただき、のちほど細かい説明をすることはできるので、まずミーティングでは軸の部分をしっかりと共通認識することが必要になります。

枝葉の具体的な部分よりも、まずは幹の部分を移行することが重要なのです。

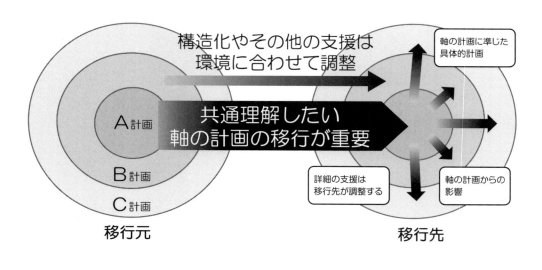

15. 災害対策支援

●避難訓練

　災害時の対策の中で避難訓練は重要です。しかし、多くの自閉症の人が避難訓練に対する恐怖心をもっています。そのことによって、本来の目的である災害時に備えた避難訓練ではなく、本番でも避難できない、危険回避が難しい状況も起こりかねないマイナスの効果が生まれています。ここでは、本番の危険避難を想定した避難訓練のあり方を整理します。

■リアリティや緊迫感を求めない避難訓練

　多くの事業所・学校での避難訓練は、リアリティや緊迫感・緊張感を重んじます。しかし、避難訓練で身につけなくてはいけないスキルはシンプルなものです。
　1．合図があったら移動を開始する
　2．指示がある場所まで移動する
　3．移動した場所で次の指示があるまで待つ
　4．指示された場所に移動する（クラスに戻る、もしくは帰宅するなど）
　5．日常の生活に戻る（スケジュールを確認する）

　【開始】【移動】【待つ】【移動】【日常に戻る】です。以上の習慣を支援つきでもかまわないので自立的に行っていくことをスモールステップで目指します。

■引っ張らない・押さない・急がせない・励まさない

　避難訓練で、引っ張ったり、押したり、急がせたり、励ましたりしていないでしょうか？　それによって、恐怖心や嫌悪感が身につき、避難訓練にネガティブなイメージをもつ人が多いのです。また、抵抗が強くなり、避難するのに強いプロンプト（手がかり）が必要になるようになる場合もあります。本番の避難のハードルをあげている避難訓練になってしまっています。
　ここで紹介する避難訓練モデルでは【開始】【移動】【待つ】【移動】【日常に戻る】の習慣化だけに焦点をあてます。

■避難困難者リストで本番に備える

　避難訓練にはもうひとつ大きな目的があります。それは避難するのが困難な利用者児童・生徒を把握することです。ただ把握するのではなく「避難時困難児者リスト」に記録し、さらに個別支援計画に書き込んで、本番の避難時の対応を決めておく必要があります。
　以下の表は『フレームワークを活用した自閉症支援』の「自立課題アセスメントシート」を避難困難児者リストとして活用した記入例です。

記入例 避難困難児者リスト：自立課題アセスメントシート

	項目（工程・活動 等）	P	E	F	活用できるスキル	課題・支援の必要性	指導・支援の方向性
1	A児			✓	避難の視覚的合図で移動をすることはできる	切り替えが難しく活動が終ることが難しい。移動中に注意が散漫になり指示された以外の場所に行く可能性が高い	避難時は視覚的合図を見せて、先生が手を引いて移動する。切り替えがうまくいかない時は、合図を見せながら本人を抱えて移動する
2	B児		✓		避難の視覚的な合図を見て移動することができる。先生から離れないで行動することもできる	災害時の変化に本人の混乱が想像される。訓練でできている先生と一緒に行動がとれないことも想定される	避難時は視覚的な合図と「先生と一緒」と言う声かけで移動する。時々、「先生と一緒」を注意喚起する必要がある

記入例 避難困難児者リスト：生活支援シート　Bタイプ

日付：○年○月○日	氏名：B児	記入者：	
生活場面：○○児童発達支援センター			
活動	現在の状況	指導・支援計画	
避難訓練	避難の視覚的な合図を見て移動することができる。先生から離れないで行動することができる	避難時は視覚的な合図と「先生と一緒」と言う声かけで移動する。数回「先生と一緒」を注意喚起する	
避難時	避難の視覚的な合図を見て移動することができる。先生から離れないで行動することもできる。災害時の変化に本人の混乱が想像される。訓練でできている「先生と一緒に」行動がとれないことも想定される	避難時は視覚的な合図と「先生と一緒」という声かけで移動する。時々、「先生と一緒」を注意喚起する必要がある	

■移動の合図について

　本番の避難では、本人にあわせた視覚タイプの指示を考えながら、それを示すことは難しく（○○君は写真、□□さんは具体物）、逃げ遅れる原因になります。そこで避難場所への移動の指示は、どの視覚的タイプの人にもわかるものを、ばらまける状況が必要になります。写真29は児童発達支援センターぐるんぱの実践で使っている視覚指示の実際の写真です。ある程度の厚みがあり具体物に近く、写真もあり、絵を添え、文字を含んだものです。それぞれのエリアに多めに設置しておく必要があります（1事業で人数分ではなく、各エリアに人数分＋予備の数を準備します）。

　あわせて準備してほしいのは、ある程度の環境設定とエリア設定の道具が入ったリュックです。その他に最低でも、紙とペン、ブルーシート、待つカード、その他の簡単な指示は入れておきます。

　避難して指定された場所に集まった後は、流れで教室に戻るのではなく、必ず何らかの指示を確認して移動します。終ったらクラスルームに戻る流れは、本番でも災害現場に戻ってしまうことになりかねません。「次の活動」「まっすぐ家に帰る」など計画的に指示を変えて実施します。

■避難訓練のステップ
＜ステップ1：スケジュールに合図を入れて個別で実施＞

　最初から集団の避難訓練に参加することが難しい場合は、複雑さ、機会の少なさ、習慣化のしにくさなどを考慮して個別で時間を設定して実施します。まずは視覚的な合図をスケジュールで提示して、一連の流れを経験する機会を設定します。数週間に1回～数回程度実施します。

＜ステップ2：合図を入れて個別で実施＞

　次は、意図的に変更のシステムを活用して実施します。その次の個別の避難訓練では手渡しで合図をもらいます。

写真29　避難訓練のステップ

変更の提示で避難の練習

手渡しで避難の練習

＜ステップ3：全体での避難訓練に参加する＞

　何回か個別で実施した後に、全体での避難訓練に参加します。全体での避難訓練は視覚的な合図を手渡しで実施します。避難場所までの移動を視覚的な合図と関連づけて習慣にしていきます。避難訓練の自立度合いや、実際の避難時に想定される行動と支援について生活支援シートに記入します（「活動」欄に『避難訓練』『避難時』の項目を書いて本人の状態と指導・支援計画を記入します）。

写真30　避難訓練での工夫

視覚的合図と全体で避難の練習

待つための指示と明確な境界

●災害時の避難所での生活

　災害時は予期しないことが多く変更も多く起こります。災害時だけではなく、災害後も避難所などでの生活では、それまでは当たり前にやっていた活動ができなくなり、変化の対応が困難な自閉症の人には混乱が起こります。ここでは、災害時ではなく災害後の避難所での生活について整理します。

■本人のことを知ってもらう

　避難所では共同生活が必要になります。しかし、自閉症の人にとってそれは厳しい環境になります。生活のうえで刺激の少ない場所の保障、本人の混乱時の声などに対する周囲の理解、たくさんの内容を周囲の人にナチュラルサポートを提供してもらう必要が出てきます。しかし、緊急時には特別な配慮が認めにくい状況も生まれます。そこで、普段から地域のキーマンと災害時の対応について整理して、本人についての情報を視覚的に共有しておく必要があります。

■変化を視覚的に伝えるのは普段から

　災害時の大きな変化の時に、急に視覚的支援を使っても効果がありません。普段から小さな変化を視覚的に確認する習慣をもつことが必要になります。災害時に制約の多い内容を視覚的に伝えられたことが、その後の生活における視覚的支援にマイナスのイメージをもつことにつながってしまうこともあります。

■避難所で重要なのは境界

　避難所での共同生活で明確でなくなるのが自分の居場所の境界です。どこで活動してよいのかを明確に伝える必要があります。個別の部屋が利用できる場合には明確ですが、そうでなければ、シートやテープで境界を明確にしたり、衝立や家具で具体的に境界を設定したりすることが必要になります。

■具体的な活動を設定

　避難所では、日常の活動ができなくなります。自閉症の人は曖昧な自由な時間の過ごし方が得意ではありません。そこで、可能な部分だけで活動を保証することが必要になります。いくつかの例を紹介します。すべて避難所に備わっている最低限のもので設定します。

　・タスクを使った勉強を設定する
　・さまざまな役割、お手伝いを設定する
　・体操やウォーキング　など
　・すごろくなどのゲーム
　・おもちゃあそび　など

6章 自己・周辺認知支援と相談支援

1. 自分や周囲についての理解の支援

　自閉症の人は、自分についてのこと（たとえば障害のこと、長所、短所、自己決定など）や、周囲について（社会的な状況、変化、ルールなど）さまざまな情報を総合的に判断して整理して考えることが得意ではありません。自分や周囲についての理解を支援する時には、情報を整理することが必要になります。

　とくに、自分の考え方と他者の考え方、世間的な考え方との情報整理が必要になります。

　自分について、周囲についての理解を進める時に、「本人の考え方を変える」というと本人の考えについて否定的なイメージをもたれることがあります。視覚的に正しい情報を伝えて解決するような支援も、押しつけになりかねません。それでは、全体よりも細部に強く注目する特性から、自分の考えに強く注目してしまい、本来注目しなくてはいけない情報や考え方に注目することができなくなります。

　重要なことは本人の考え方を否定するのではなく、本人の考え方を確認しながらも、周囲の考え方や必要な情報とあわせて整理して考えるプロセスであるということです。そのような情報は本人にとって意味ある情報である必要があります。

　ここでは、伝えたことを意味ある情報にするための工夫をいくつか紹介します。

■具体的・肯定的な情報で伝える

　自閉症の人にとって「○○してはいけない」などの否定的な情報は、具体的に何をどうすればよいのかがイメージしにくいということがあります。そこで、「○○してみよう」などの肯定的な形で表現することが必要になります。

　また自閉症の人は、注目の問題で1つのことに注目すると、他のことが意識できなくなります。「あなたの考え方は違います」という一方的な情報提供では、その否定されたことだけに強く注目してしまい、他者の視点の活用や、新たな情報に注意を向けることが難しくなります。

　そこで自閉症の人に何かを提案する時には、本人の考え方を否定的に伝えるのではなく、本人が自分の考えと比較して提案を活用することで自分にとって利点があることを気づけるように伝えたり、視覚的に情報を整理して伝えたりすることが大切です。

■本人にとって意味ある情報で伝える

　新しい情報を参考にして活用できるようにする場合には、本人にとってそれを活用することの意味を明確に伝えることが必要になります。新しい情報が本人にとって有益と感じられるのであれば、その情報を参考にして活用することを自ら必要だと感じられるようになります。本人の目線でその意味を考え、意味ある形で伝えることが必要になります。

　たとえば、それは具体的な目標達成という見通し、それによって得られる報酬や賞賛かもしれません。また、本人が気にしている問題解決の糸口を提示することかもしれません。

■字義どおりの解釈・意味理解の困難さに配慮する

　自閉症の人の受容コミュニケーションの特性のひとつに字義どおりの解釈ということがあります。言い換えると、比喩やオブラートに包んだような言い方は、本人に誤解を与えることもあるということです。たとえば、支援のスタートのインテーク面接などで、本人の気持ちに配慮して、なにげなく「そうだね」と受容的な反応をしたことで、後で違った視点を話すと、「〇〇さんは『そうだね』と言いました」となってしまいます。

　以前、ある自閉症の人が電話の声が大きいという課題があるというので、本人に「なんで大きい声で話すの？」と質問したら、「遠くにいる人とは大きな声で話すと習いました」と答えが返ってきたことがあります。

　自分（本人）や周囲についての理解を指導・支援する時には、字義どおりの解釈や意味理解の困難さに配慮して、比喩や慣用句を避けるなどの工夫、本人にとって具体的にイメージできる内容で伝えることなどが必要になります。

　傾聴の姿勢は必要ですが、その場しのぎの受容的な対応は避ける必要があり、信頼性のある客観的な情報を提供することが必要になります（たとえば「そうだね」ではなく、「あなたは、そのように考えているのね」と言うと傾聴でもあり、誤解の生まれる余地のない表現にもなります）。

■整理統合の困難さに配慮する

　自分について、周囲について理解するためには、同時に多くのことを整理する必要があります。自分の考え方、他者の考え方、これまで起こった事実、今起こっている状況、今後起こることの見通し、人との関係、たくさんの意見などさまざまなことを理解し整理することが必要になります。

　さまざまな状況を整理することは、瞬時の判断も必要であり、継続的な整理と調整も必要になります。

　自閉症の人は、全体よりも細部に強く注目する特性から、自分や周囲のことを総合的に判断し、整理したり調整したりすることが得意ではありません。

　そこで、自分の考えやおかれている状況、他者の考え方、一般的な考え方、周囲で起こっている状況、これまで起こったこと、今後想定される状況などを視覚的に整理

して伝えることが必要になります。筆者がよく活用するのがマトリックスの表や関係図で、これにはいくつかの情報を一元的に見て整理できるという効果があります。

今回は、視覚的な整理で活用できるフレームの例を掲載しましたので参考にしてください。また情報整理に役に立つフレームを資料にて紹介しています（150・151頁 情情報整理のためのフレームワーク活用集）。

■他者のイメージを活用する工夫

自閉症の人は、自分の中の強いイメージをもつことで、他者の考え方や情報に注目することが困難になることがあります。長期記憶の強さから、それらを忘れることが難しいからです。自分の考えを忘れるのではなく、いったん終わりにしたり、切り替えたりすることが重要になります。

よく実施するイメージトレーニングをひとつ紹介します（個別化が必要です）。自分の考えていることを書き出します。それを裏返したり封筒に入れたりするのです。ここで重要なのは、必ず何か別の視点の情報提供を受けた後には書いた物を確認することです。自分の考え方を否定するプロセスではないことに教育・支援者は注目する必要があります。

できれば最初はハードルの低いもので実施したほうがよいと思います。切り替えのために視覚的な手立てが必要になることもあります。また、幼児期・学齢前期からいったん終わりにする習慣や切り替える習慣、相手の考えを聴く習慣をもつことも重要です。

図9　自分の考えと他者の考えをまとめる

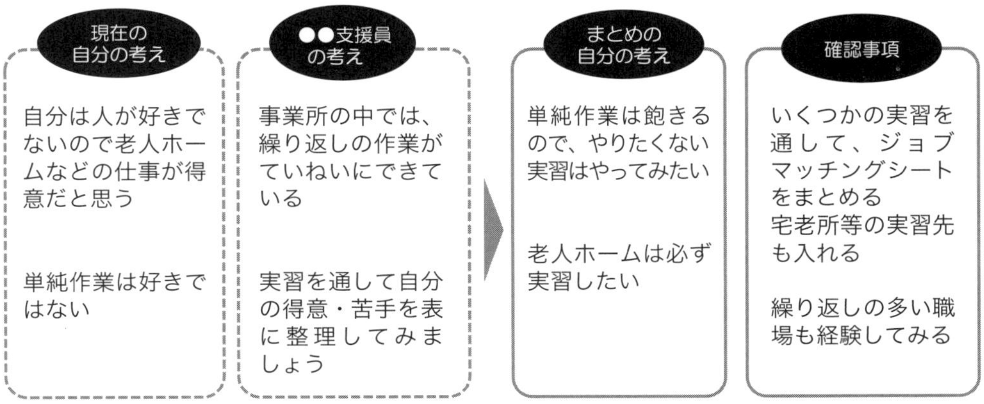

現在の自分の考え	●●支援員の考え	まとめの自分の考え	確認事項
自分は人が好きでないので老人ホームなどの仕事が得意だと思う 単純作業は好きではない	事業所の中では、繰り返しの作業がていねいにできている 実習を通して自分の得意・苦手を表に整理してみましょう	単純作業は飽きるので、やりたくない実習はやってみたい 老人ホームは必ず実習したい	いくつかの実習を通して、ジョブマッチングシートをまとめる 宅老所等の実習先も入れる 繰り返しの多い職場も経験してみる

■客観的で信頼のある情報提供

自閉症の人には、曖昧で信頼性のない情報には注目することが難しいという特性があります。そのため、支援者が提案するさまざまな情報にも客観性や信頼性をもたせる必要があります。

たとえば、私たちが学齢期にさまざまなことを学び、それについて客観性や信頼性を感じていることというのは、繰り返しどんな状況でも同じであったり、違ったりした事例を介して確認された事柄です。また、私たちが信頼をおいているのは、著名な専門家の書籍や講演です。また、その分野の法律やルールブック、ガイドライン、取

扱い説明書にも信頼感をもちます。

　自閉症の人にも同じ視点が必要になります。

　同じだったり、違ったりすることについては事例を通して学ぶ必要があります。例として1番になることにこだわることが課題になっているケースで、世の中に1番になることも、そうでないこともあることを事例で伝えるために、たとえばサイコロの目で確率の勉強を実施するというケースがあります。「自分と他人との違い」「好きなこと、嫌いなこと」「得意なこと、苦手なこと」も何人かの事例で理解してもらったケースがあります。

　支援者の考えよりも、その専門分野のスペシャリストの書籍や法律、解説書などを活用すると信頼性が高まります。健康管理を支援者が説明するよりも医師や保健師、栄養士、ジムのインストラクターから説明してもらうことで信頼性が高まります。

　それらの信頼性のある情報を参照して、自分の視点を調整するプロセスが必要になります。

■**習慣を活用して支援する**

　自分について、周囲についての理解を支援することは、本人の考え方とさまざまな情報を整理することであり、細部に強く注目する自閉症の人にとってハードルが高いものです。

　そこで本人が強く注目している抵抗の強い内容から始めるよりも、本人にとって抵抗の少ない、あまり関心の強くない部分で練習をし、習慣にすることが必要になります。お城でたとえると「本丸をいきなり攻めないで、まずは外堀を埋めてから」という具合です。

　自分と他者とで考え方が違っていることを知る習慣、相手の考え方を参考にする習慣、視覚的なものに注目して整理する習慣、他者から教えてもらう習慣、その他たくさんの習慣を抵抗のない部分から継続して、少しずつ重要な内容に移行することが必要です。たとえば、他者の意見を参考にする習慣は、本人の就職という難しい選択から始めるのではなく、バーベキューの材料というような身近な題材から始めてもいいかもしれません。

自分について、周囲についての理解の支援は、一度伝えて終わりではなく、実際場面で確認しながら、できれば関連事例を繰り返しながら、本人が自ら気づき、自ら視点を調整できるように促します。ひとつの事柄についての理解ではなく、さまざまな場面、状況の中でも応用して活用できるように調整しながら、継続的に指導や支援を繰り返していくことが必要です。

●自分や周囲についての理解の支援の実際 ～アセスメントとプランニング～

　実際に自分や周囲についての理解をすすめる支援に入る前に、本人がどのような情報を理解できるか、一度に伝えることのできる情報量はどのくらいか、どのように情報を整理して伝える必要があるのか、注目の難しさで配慮するポイントは何かなどをアセスメントする必要があります。さらに表が使える、文章、図、絵などが使えるかどうかなどをアセスメントしておくことが必要です。これは自分や周囲についての理解のサポートをする時にアセスメントするのではなく、計画的に事前にアセスメントし「個人情報シート」に集約しておく必要があります。

　次に課題になる自分や周囲についての内容を、現時点で本人はどのような視点をもっているのか、またはどのように混乱しているのか、気づいていないのかなどについてアセスメントし計画をたてます。使うフレームワークシートは課題の内容にあわせて「氷山モデルシート」「自立課題アセスメントシート」「自立課題シート」を組みあわせて活用します。

　氷山モデルシートは、その課題の背景や要因を自閉症の特性を中心にして整理し、環境要因や本人の理解の仕方をアセスメントした内容をあわせて「集約し計画につなげます。自閉症の長期記憶を修正することの難しさを考えつつ、本人が事前に知っている内容を「本人の気づき・学び」の欄に記入します。本人の自己分析・自己評価した内容も「本人の気づき・学び」の欄に記入します。「環境・状況の要因」の欄には「明確な理解をできる状況がない」「場面によって状況が変わる」「状況によって周囲からの説明が変わる」なども入ります。

　氷山モデルシートでは、活用できる本人のスキルや気づき、その他の資源などを書き込む欄があります。それらに記載されたことも計画をたてる時に役にたちます。

　アセスメントによって整理した情報から支援計画を策定します。それを氷山モデルでの「支援計画」の欄に記入します。支援する時には視覚化された手だてや教え方などを自立課題シートにまとめます。

記入例 氷山モデルシート

氏名：Mさん	日付：○年○月○日
	記録者：水野

行動目標：多くの人が支援を受けていることを知り、継続的に○○支援センターの支援を受けることを容認することができる

課題となっている行動

・就労後の必要な継続的支援を受けることを拒む
・支援を受けている自分を認めることが難しい

環境・状況の要因	本人の特性	本人の気づき・学び
・周囲の人から極端な精神論や考察を伝えられている。 ・周囲の同僚の人の発言がまちまちで違いがある ・誰も、本人に対して具体的な提案をしていない	・関係理解の困難さや、理解の困難さにより、自分流の判断をする ・断片的な情報で判断してしまい、総合的な判断がむずかしい ・自分の状態（支援の必要性等）について整理が難しい（メタ認知の困難さ）	・「自立＝自分一人でできる」と考えている ・大人になっても支援を受ける自分はダメな人間と考えている ・周囲の人は支援を受けないで仕事をしていると考えている

活用できる本人のスキル	・文章等の理解　・表を使える　・言葉で質問ができる
活用できる本人の気づき	・自分のできる部分とできない部分の整理はすでに勉強している
活用できる他の資源	・就業・生活支援センターが月に1回程度訪問する ・工場長や社長の協力が得やすい

支援計画

・実施のインタビューやテレビの取材を通して、多くの人が支援を受けていることを伝える
・継続的な支援とフェードアウトのイメージを図にする
・周囲が期待していることを文章と絵で伝える

実施後の記録

日時	本人の様子	再構造化・再計画の指針
5/11 6/14	・スタッフと一緒に表をまとめる ・支援のフェードアウトイメージ・プロセスを表にまとめると理解している	・支援のフェードアウトのイメージを伝える必要がある。表にまとめる

「自立課題アセスメントシート」は、いくつかの項目について活用できるスキルと課題になる部分、支援の必要性についてアセスメントすることができます。自分について・周囲についての理解で課題になっている内容を決めて、それに必要なスキルや概念を項目の欄に書き込んでアセスメント内容をまとめます。さらに全体の情報を自立課題シートにまとめます。

　「自立課題シート」は、自分や周囲についてのことを教える時に活用します。表が使える、文章、図、絵などが使えるなどの情報、活用できる本人の気づき等の情報を「できる」の部分に記入します。本人が部分的に気づいていることなどを「芽生え反応」の欄に記入します。さらに教えたい課題の内容の弊害になっている部分や支援が必要な部分を「できない」の欄に記入します。それらの情報から考察して支援計画をたてます。

　視覚的構造化の欄には、本人に必要な情報を提示する時に、どのような指示で、どのように整理して、どのように明瞭化するのかを記入します。また、教え方やステップの踏み方に関しては「教授方法＆ルーティンの活用」の欄に計画を記入します。

記入例　自立課題シート

日付：○年○月○日	氏名：Mさん	記録者：水野

課題目標	多くの人が支援を受けていることを表にまとめて理解する
☑ 自立課題アセスメントシートの活用：	
Pass：できる できている部分・強み・活用できるスキル	・文章・絵・図の理解　　　・表への記入ができる ・資料・原稿があれば読める　・簡単なことなら、自分のことがいえる
Emerge：芽ばえ反応 やろうとしている部分・気づいている部分	・相手に質問するのは慣れていない ・「支援」の意味
Fail：できない できない部分・支援が必要な部分	・周囲の人の考えをイメージすること ・自分の状態を整理すること
その他の情報・資源 および他のフレームワークシート	・就業・生活支援センタースタッフが月に1回程度訪問する ・工場長や社長の協力が得やすい

■ 支援計画

視覚的構造化	視覚的指示	・インタビュー表	図・解説等
	視覚的整理統合	・マトリックスの記入式の表 ・バインダーにペンがついている	
	視覚的明瞭化		
物理的構造化		・休憩時間で会議室を活用して行う	
スケジュール		・休憩の提示、朝の段階で工場長に伝えてもらう	
ワークシステム			
教授方法&ルーティンの活用		・本人の言葉を促すために間接的な言語指示を活用する	
その他 （状況の設定等）		・○○選手のVTRを観る時間を設定 ・社長や工場長、ジョブコーチとの面談の時間を設定する	

6章　自己・周辺認知支援と相談支援

事例21 障害についての意味の理解をステップに分けて支援

● NPO法人未来図 [学齢後期]

　放課後等デイサービスを利用されているWさんは、「障害」という言葉に関してネガティブなイメージをもっていました。そこで、「障害」の意味や得意な部分、苦手な部分、工夫することなどを、4つのステップで勉強しました。また事前に「障害」についてのアセスメントを実施しました。
　今回は3つ目のステップを中心にフレームワークシートにまとめました。

●課題のポイント
・自分の障害などについてスモールステップで整理する
・「障害」「うまくいかないこと」「得意なこと」とさまざまな意味を複数の障害を例に深めた
・本人の理解している部分からはじめた

●関係する自閉症の特性と方向性
・受容コミュニケーションの特性(138・139頁)
・関係理解の困難さ(142・143頁)
・般化の特性(142・143頁)

1. どんな障害があるか知る
Wさん自身の障害名(知的障害・発達障害)と、どのような障害があるかを知る

2. 障害の意味を正しく知る
障害について正しく理解することができる(障害≠悪い≠警察につかまる)

3. うまくいかないことの対応について知る
障害があると、うまくいかないこと、困ることもあるが、工夫したり、サポートを受けることが大事ということを知る

	こまること うまくいかないこと	工夫 サポート
1. しんたい障がい	手足が、うまくうごかせない	車いす
2. ちょうかく障がい	聞こえない	しゅわ ほちょうき
3. しかく障がい	目がみえない	いっしょにでかける もうどうけん

4. 自分の得意な部分について整理する
Wさんの「得意なこと」について整理することができる

▶社会的段階のアセスメント (自立課題アセスメントシート)

課題目標：障害についての気づき					氏名：Wさん	記入者：堀	
	項目(工程・活動等)	P	E	F	活用できる部分	課題・支援の必要な部分	課題・支援の方向性
1	障害や、障害者について知っている			✓	・目が見えない、手・指と足がない ・普通の学校ではうまくできない、頭で考えることができない人 ・祖母の麻痺からくる、歩けるが手足が使えないという、身体障害のイメージが強い様子	・障害＝悪いところがある⇒悪い＝警察につかまる、という思考である ・また、障害＝困ることが多くなるとも思っている	障害＝悪い＝警察につかまると誤って理解しているため、そこを訂正する必要がある
2	細かい障害名とどのような障害かがわかる			✓	・身体障害…手と足が使えない人 ・知的障害…知らない ・発達障害…知らない ・身体障害については具体的にイメージできやすい	身体障害以外の、細かい障害名とどのような障害かについての気づきは弱い	身体障害以外の障害名と、どのような障害かについてを伝える必要がある
3	自分の障害について知っている、気づいている			✓		・ぼくは何も悪くないし健康 ・ぼくは、障害者じゃないのに、学校のスポーツ大会に出た時に、"障害者スポーツ大会"と書いてあった ・障害者＝悪いところがある＝警察につかまると思っているため、自分がいつか警察につかまるのではないかと、不安に思っている	Wさんの障害について、正しく教える必要がある。また、障害＝困ることが多くなるとも思っているため、得意なこともあることを整理して、得意は伸ばしていき、苦手は助けてもらったり、工夫をしたり、練習したりしていくことを教える

事例22 約束シートで虫の扱い方を指導

●社会福祉法人つつじ児童発達支援センターぐるんぱ [学齢前期]

　放課後等デイサービスの事業を週に1回利用されている児童です。保護者から「本人の不適切な行動を注意したり修正したりしようとすると怒ったりかんしゃくを起こし、適切な行動が教えられない」という相談がありました。放課後等デイサービスの中でも、虫を扱う際に適切でない行動が見られていたこともあり、約束のシステムを活用して適切な虫の扱い方を本人に教えました。

▶自立課題シート

日付：○年○月○日	氏名：Y・K	記入者：草場

課題目標	虫を適切に扱うことができる
☑自立課題アセスメントシートの活用：	
Pass：活用できるスキル P(合格している部分)・強み・活用できるスキル	・絵の理解 ・○と×の理解 ・虫への興味関心 ・繰り返したり、習慣化すると学びやすい
Emerge：芽ばえ・課題 E（芽生えスキル）課題になる部分	・虫が好きで触ったり観察して過ごすことが好きだが、投げたり落としたりすることがあり、扱い方が適切でない時がある ・これまでに約束を守っていいことがあった（ご褒美をもらえた）経験がある
Fail：支援の必要性 ニーズ・できない部分・支援が必要	・理解できていても目に付いたことや耳から入った情報（刺激）に影響を受けて衝動的に行動する ・言葉よりも目に見える物に強く注目する ・自分の行動が適切か適切でないかを自分で判断することは難しい
その他の情報・資源 および他のフレームワークシート	・1対1の先生との勉強の時間がある ・"虫と遊ぶ時間"の設定がある

■支援計画

視覚的構造化	視覚的指示	○の絵と×の絵
	視覚的整理統合	・○と×の行動が1枚の紙にまとまっている ・表にして整理してある
	視覚的明瞭化	・指示と台紙のコントラストが明確 ・本人が注目しやすい大きさの指示
物理的構造化		・虫を観察したり触ったりするエリア。机と椅子が設置してある
スケジュール		・虫と遊ぶ（触れ合う）
ワークシステム		
教授方法&ルーティンの活用		・先生と勉強の時間に約束の内容を教えてから実際のエリアで教える。指示を指差し注意喚起をする
その他（状況の設定等）		・約束が守れたら捕まえた虫を持って帰れる／虫図鑑のピース（カード）をもらえる

6章　自己・周辺認知支援と相談支援

2．相談支援

　自閉症の人が抱えるニーズは多岐にわたり、地域の一次相談窓口や発達障害者支援センター、民間の相談支援、医療機関、学校教育の中の相談、就労支援での相談など、自閉症の人への相談支援の場面が増えてきました。

　相談支援の場面は、自閉症の人が自分の情報を伝え、そして相談支援者からの情報の提供があるコミュニケーションの場面であり、対人的な場面でもあります。必要な情報だけではなく、不必要な刺激や情報が存在する場面でもあり、さまざまな情報を整理しながらコミュニケーションを進める必要がある場面です。いいかえると自閉症の人にとっては複雑でわかりにくい場面になります。そこで自閉症の特性を念頭においた環境設定や情報提示の仕方に工夫が必要になります。

■環境設定の工夫

　相談場面は他の支援場面と比較すると静かな環境であることが多いと考えられます。しかし、さまざまな刺激を無視できない特性をもつ自閉症の人にとっては、相談支援者が気づかないさまざまな刺激に影響を受けている場合があります。全体よりも細部に強く注目する特性から、さまざまな刺激に影響を受けると相談内容に注意を向けることができなくなります。刺激の少ない場所で実施したり、本人の座る位置を工夫したりすることで、できるだけ刺激に影響を受けない環境の設定が必要になります。たとえば、窓からの外の風景が見えない位置に配置したり、多方面からの言語指示が来ないないように本人が座る位置を工夫することがあります。

■相談の見通しを伝える工夫

　相談には、個別にある程度の聞き取りができるので情報提供の見通しがたてられます。自閉症の人の中には見通しがもてなくて不安やフラストレーションをもつ人、相談以外の話を制限なく話し続ける人もいます。チェックリストや予定表などを活用して、相談の内容や予定時間などの見通しを伝える支援も必要になります。

　また、相談支援は１日で問題が解決するわけではありません。内容によっては数か月、数年かかるケースもあります。そこで、今後のおおまかなプロセスや可能性をフローチャート形式で伝えるなどの見通しについて伝えることも必要になります。

　その日の見通しも、長い時間の見通しも、変更の可能性も示唆する必要があります。

■自分の気持ちを伝えてもらう工夫

　自閉症の人にはコミュニケーションの困難さがあります。そのため、自分の考えている内容を相談支援者に伝えることが難しいことがあります。そこで自分の考え方を伝えるための工夫が必要になります。

　メモや筆記用具を準備したり、事前に質問を書き出してもらったり、選択肢を用意したり、自分の気持ちの度合いを表すシートを用意する支援が必要になります。

写真31

選択肢やアンケートを用いた相談

パソコンを使っての相談

■ **整理統合の困難さに配慮する**

　相談支援に必要とされるものやテーマは、自己認知、周辺認知、就職、生活、学習などさまざまです。相談場面では、それらに関連あるニーズを整理して伝えて、そして本人は必要な情報提供を受けて整理して理解することが必要になります。また、情報提供を受けたものを現在と将来の生活の中で応用することも必要になります。

　しかし自閉症の人は、自分のもっている情報を整理すること、相手から提供された情報を整理すること、それらをもとに生活の中で応用することが得意ではありません。

　相談支援者は、本人のニーズを整理するだけではなく、整理した状態で情報を提供し、さらには生活場面での応用への移行もイメージしておく必要があります。

　インターネット等の情報の広がりによって、さまざまな情報があふれている時代になっています。本人にとって意味のある情報もあれば、不必要な情報や、正確ではない情報などが混在しています。情報に優先順位をつけて、必要な情報と注目しなくていい情報を分ける整理も必要になります。

　本書では相談時の情報整理に役に立つフレームを資料にて紹介しています。

■ **情報提供の工夫**

　相談支援で情報提供（解説など）する時には、本人にわかりやすい形で情報提供を行うことが必要になります。

　口頭による情報提供では、本人が一度に把握できる量で情報を提示することが必要です。また、本人の理解にあわせた用語を活用することも必要です。また、字義どおりの理解の仕方にも配慮して、比喩や抽象的な表現ではなく、具体的な表現での情報提供が必要になります。

　口頭だけではなく、視覚的な手立てを活用することも有効です。視覚的な手立てを活用することで、整理をすること、忘れないでいること（記憶すること）、修正することを補うことができます。

■早期から相談を習慣にする視点

　自閉症の人は、現在と将来の生活に多くのニーズをもちます。早期から本人に起こっていること、考えていることを把握して、整理しておくことが必要になります。信頼できる人に自分の起こっていることや考えていることを説明し、それについての他者の考え方やアドバイスなどをもらうという習慣を低年齢から習慣にしておく必要があります。もちろん、相談の内容は年齢とともに変化していきます。たとえば低年齢の時は、自分の興味・関心やわからない事柄について質問することなどから始めます。

写真32

幼児期からの相談の習慣

　相談支援では、生活、就労、自己認知や周辺認知などの多岐にわたる課題は、本人や周囲の人、環境から情報を集めて、本人や関係にとって意味ある形に整理することが必要です。特に本人の特性、環境、本人の気づきの3つの要因から考える「氷山モデル」の視点で整理することは重要です。

図10　氷山モデルで考える自己認知支援

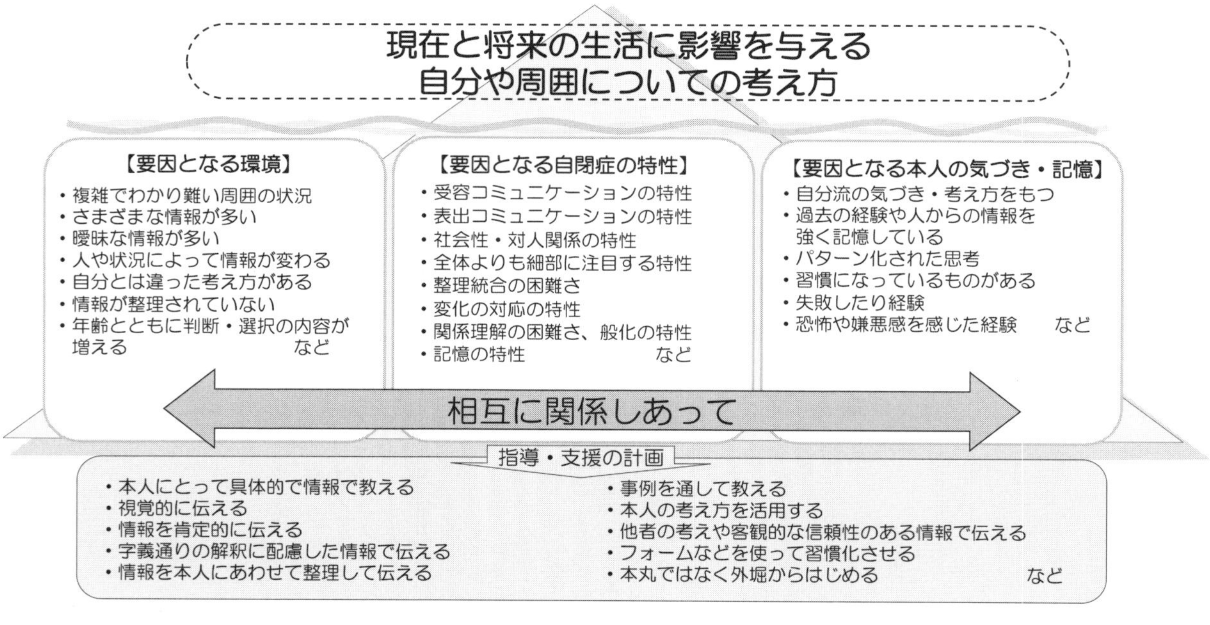

現在と将来の生活に影響を与える自分や周囲についての考え方

【要因となる環境】
- 複雑でわかり難い周囲の状況
- さまざまな情報が多い
- 曖昧な情報が多い
- 人や状況によって情報が変わる
- 自分とは違った考え方がある
- 情報が整理されていない
- 年齢とともに判断・選択の内容が増える　など

【要因となる自閉症の特性】
- 受容コミュニケーションの特性
- 表出コミュニケーションの特性
- 社会性・対人関係の特性
- 全体よりも細部に注目する特性
- 整理統合の困難さ
- 変化の対応の特性
- 関係理解の困難さ、般化の特性
- 記憶の特性　など

【要因となる本人の気づき・記憶】
- 自分流の気づき・考え方をもつ
- 過去の経験や人からの情報を強く記憶している
- パターン化された思考
- 習慣になっているものがある
- 失敗したり経験
- 恐怖や嫌悪感を感じた経験　など

相互に関係しあって

指導・支援の計画
- 本人にとって具体的で情報で教える
- 視覚的に伝える
- 情報を肯定的に伝える
- 字義通りの解釈に配慮した情報で伝える
- 情報を本人にあわせて整理して伝える
- 事例を通して教える
- 本人の考え方を活用する
- 他者の考えや客観的な信頼性のある情報で伝える
- フォームなどを使って習慣化させる
- 本丸ではなく外堀からはじめる　など

7章 協働とフレームワークの活用

1. 協働チーム（ネットワーク）について

　自閉症の特性のひとつに般化が難しいという特性があり、同じ場面でも場合によって様子が異なるということがあります。そのため一人の自閉症の人に関わる教師、支援者、保護者らがそれぞれに本人についての異った情報をもってしまういうことが想定されます。また、自閉症の教育・支援においては一貫した視点で指導・支援すること、つまり協働が重要になってきます。本章では、保護者や関係機関との協働チーム（ネットワーク）を構築するためのポイントを解説します。

■協働チーム（ネットワーク）は適切であること

　自閉症の人には情報の理解や整理統合の困難さがあります。自閉症の人に関わるネットワークが複雑であればあるほど、本人への情報提供は複雑で混乱を生みます。そこでこのネットワークはできるだけシンプル、適切である必要があります。協働ネットワークの範囲も「多いほうが望ましい」ではなく、適切な人数にする必要があります。また協働チームでは、「いろいろな考え方があったほうがいい」ではなく、共通かつ一貫した方向性をもつ必要があります。必要に応じては場面ごとに参加者の選抜を工夫したり、事前にネットワーク間の共通認識をもつための説明会を設定したりする必要があります。

写真33

メンバーに自閉症の特性を説明している場面

■違いをポジティブに受け止める

　時に、教育・支援者と保護者の考え方には見解の相違が生じます。その時にネガティブに反応したり、一方的に保護者を論したりすることは適切ではありません。違いが生じた時の協働チームのあり方としては、その違いから始めるということです。

　なぜ、その情報に違いがあるのかを前向きにとらえて、その後の経過観察を通してチーム全体が客観的に共通認識をもてるように進めます。さまざまな課題、チーム間の共通認識上の問題解決には時間がかかります。それを無理に短期間で解決しようとすると、押しつけになり、共通認識しないまま物事を進めることになります。ここでは長期的なプロセスのイメージをもつ必要があります。

■百聞は一見に如かず

　協働チーム（ネットワーク）間で本人についての共通した視点をもつことが必要です。しかし、一貫した特性の理解や支援の方向性を保護者も含む協働チーム（ネットワーク）間で共通認識をもつことはとても難しいことです。口頭で説明を受けても書面の文字で見ても、どうしてもイメージできない部分が生じます。

　実際の場面を一緒に観たり、動画を観るなどの工夫をすると、これらの問題解決には有効です。

写真34

保護者への説明の場面

■フレームワークシートを活用した協働

　『フレームワークを活用した自閉症支援』で紹介したフレームワークシートは、協働チームでアセスメントし共通認識をもつのに有効です。たとえば、特性シートは、本人の特性と方向性を確認する資料になります。氷山モデルシートは、ホワイトボードに板書して、支援ミーティングでの課題の整理に役にたちます。まずはフレームワークシートを啓発資料、支援ミーティングの資料や板書構成としてご活用ください。

　本書で新たに協働ネットワーク間の情報整理に役にたつフレームを資料にて紹介しています（150・151頁）。これらも、ミーティングの板書構成、啓発の資料等のアイデアとしてご活用ください。

2．支援ミーティングについて

　個別支援ミーティングとは、保護者、支援者、関係者が本人の特性や支援の方向性、話題などについて共通認識（または共通していない部分）を確認することを中心に進めます。また、課題となっている内容の方向性と役割の確認も重要になります。

　支援ミーティングを協働作業のひとつのプロセスとして、ミーティングの事前準備と事後のフォローのあり方を含めて念頭においておく必要があります。

　自閉症の人一人ひとりが異なった特性をもち、家族の条件や状態もそれぞれ異なります。そこで支援ミーティングは個別化が基本になります。筆者が個別化している内容のリストを記します。

- 参加者：本人、保護者、医療関係者、労働関係者、教育関係者、事業所関係者等
- 環境：場所の工夫、机の配置、本人の座る位置
- 中心になる内容・進行：特性理解、生活支援、課題の解決　等
- 資料の個別化：特性の資料、サービス内容、生活に関して　等 ※
- 板書の構成　（150・151頁　情報整理のためのフレームワーク活用集）

※フレームワークシートはミーティングの配付資料としても有効です（特性シート、氷山モデルシート　等）

ホワイトボードの板書例

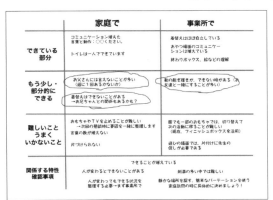

家庭と事業所の状態を確認して話し合った板書

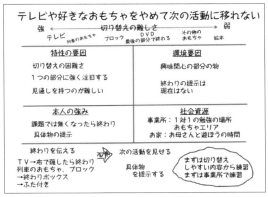

氷山モデルを使って話し合った板書

7章　協働とフレームワークの活用

まとめ

　自閉症児者の教育・支援において重要な柱は、自閉症の特性を尊重することと個別化することです。

　本書も前著である『フレームワークを活用した自閉症支援』と同様に指導や支援を方向づけるコンパスのような役割でありたいと考えています。

　本書では『フレームワークを活用した自閉症支援』で紹介したフレームワークシートをより多くの生活場面で活用していただく事例集として構成しましたので、具体的な指導や支援の内容が盛り込まれています。事例の中の具体的なアイデアだけではなく、アセスメントから実施までのプロセスとポイントを活用していただき、指導や支援のスタートにつなげていただければ幸いです。

　本書では、個別支援計画も大きな柱になっています。本書でお伝えしたかった重要な視点は、個別支援計画には全般の指導・支援の軸となる抽象的な計画と一つひとつの具体的な計画があることです。その軸の計画と具体的な計画を行ったり来たりしながら、指導や支援を進められることを期待しています。その様子をシーソーのように感じます。今回の個別支援計画の基本を教えていただいた藤村出氏はスパイラルにたとえられています。個別支援計画は、指導と支援の原動力の支えになることが重要だと思います。本書がその原動力の支えになることを期待します。

　本書は、筆者の多くの指導・支援の実践の中で整理してきたポイントをまとめたものです。しかし、本書に出てくる視覚的なアイデアや構造化された指導などは、TEACCH自閉症プログラムのフレームワークを応用させていただきました。特にTEACCH自閉症プログラムで整理された重要な視点であるP（できる）、E（芽生え反応）、F（できない）の3つの評価尺度は、本書の基本の評価尺度として引用・活用しています。構造化された指導も3つの評価尺度も、本書をきっかけに身近なものとして日本の地域に広がることを期待したいと思います。

資料

自閉症特性解説の手引き①

		特性の解説 （特性シートの項目になっています）	想定される行動や様子
			幼児期・学齢期
コミュニケーション・社会性の特性	1. 受容コミュニケーションの特性 言語指示の理解の困難さ、字義通り理解する、言語指示を整理してつかむことができない　など	・相手からのメッセージや情報を理解することの困難さ ・言語指示の理解の困難さ ・非言語（ジェスチャー、表情など）の理解の困難さ ・情報が多いことによって起こる混乱 ・情報を具体的に、字義通りに解釈してしまう ・抽象的なもの。絵にしにくいものは理解が難しい ★視覚的な情報の優位さが見られる	・先生の言語による指示や説明が理解できない ・先生のジェスチャーの理解が難しい ・先生の指示・説明の部分しか注目することができない ・内容がわからないことによって行動できなかったり、混乱したりする ・先生や友だちの表情や身ぶりからの情報がとれない ・言葉どおりに解釈して本来の意味を理解できない ・友だちの冗談や洒落が理解できない ・解説で使われる比喩や慣用句などの意味をつかめない
	2. 表出コミュニケーションの特性 無言語、エコラリア、声の調子やリズム、意思交換の困難さ　など	・自発的にコミュニケーションしようとすることが少なかったり、難しかったりする ・周囲の状況によって伝えられない（文脈に依存したコミュニケーション） ・一方的なコミュニケーションが見られる ・整理しない内容になっている ・遅延性反響言語、即時性反響言語が見られる ・特有の言葉の選び方をする ・独特のイントネーションがある	・困った場面などでも自分の気持ちを伝えることができない ・特定の先生にしかコミュニケーションしない ・パニックや自傷他害などの行動で自分の気持ちを伝える ・先生が言っている言葉を繰り返す即時反響言語（相手の言葉の反復や同じことばを繰り返す） ・学校の生活でコマーシャルなど内容を繰り返す（遅延反響言語） ・自分が伝えたい内容と表出した内容が異なる ・声の調子やリズム、表現の独特さがある
	3. 社会性・対人関係の特性 一人でいることを好む、アイコンタクトやジョイントアテンションの困難さ、自発的にかかわりをもつことの困難さ　など	・社交上の合図の読み取りの困難さ ・その場の状況をつかんで、瞬時に相手の気持ち、人間関係をつかむのことの困難さ ・周囲の状況をみて対人的相互交渉をするのが得意ではない ・生活年齢にあった社会的状況への気づきや、振る舞いが難しい（接近、並行、共有、協働、順番交代、ルールを守る、対人的相互交渉） ・アイコンタクト、ジョイントアテンションに定型発達との違いをもつ（無かったり、独特さがあったり、パターン的だったりする）	・教室内の社会的な状況への気づきや整理が難しい ・お友だちなどの状況にあわせた振る舞いが難しい。適切ではない言動が見られる（暴言など） ・アイコンタクトが少なかったり、凝視してしまったりする ・先生や友だちが自分とは異なった考え方をもっていることに気づいていない ・自ら先生や友だちに関わりを開始することが難しい。また、関わってはいけない場面の状況判断ができない ・先生と友だちとの会話を状況を判断して終わることが難しい ・相手の状況を考えないで注意したり、考えを押しつけたりする

(ひとつの行動がいくつかの特性に関係しています)		指導・支援の指針 (特性シート指導・支援の概要の参考にしてください)
就労支援	相談支援	
・上司や同僚、ジョブコーチの指示が理解できずに仕事が遂行できない ・上司や同僚、ジョブコーチの指示の部分だけをとってしまう ・周囲からの注意事項を理解できない ・上司や同僚の冗談や洒落を理解できない ・抽象的な内容（絵にしづらい内容）や、比喩が理解できない ・曖昧な表現や情報を理解できなかったり、勘違いをしたりする ・相手の表情や身ぶりからの情報がとれない	・相談員の言語による指示や質問が理解できなかったり、一部しか理解できなかったりする ・相談員の言葉を字義どおりに解釈してしまう ・資料の一部の情報しか取れない ・情報を間違って解釈してしまう ・抽象的な内容（絵にしづらい内容）や、比喩が理解できない ・洒落や気を使った言い方も、そのまま理解してしまう	・本人が理解できる形態の情報で伝える（完成見本、手順の提示、ジグの活用、表、フローチャート／文章、図、絵、写真、具体物　等） ・日課や活動の見通しを伝えるスケジュールなどを活用する ・一度にたくさんの情報を伝えない（情報量を個別化する） ・情報処理のスピードにも配慮する（状態を見ながら待つ） ・抽象的な表現をひかえて、イメージできる具体的でわかりやすい情報の提示 ・聞いた言葉を字義通りに理解することに考慮し、婉曲な表現はできるだけ使わない ・重要なことはチェックリストなどで書き出して提示する
・わからない部分の質問や必要な報告が難しかったり、時間がかかったりする ・癇癪などの方法で自分の気持ちをつたえる ・遠回しな説明が見られる ・簡単な内容も、まるで辞書で調べたような内容で詳細に伝える ・声の調子やリズム、表現の独特さがある ・職場内の立場などにあわせて敬語などを使い分けることが難しい ・状況にあった表現が難しい	・わからない部分の質問や必要な報告が難しかったり、時間がかかったりする ・癇癪などの方法で自分の気持ちをつたえる ・遠回しな説明が見られる ・簡単な内容も、まるで辞書で調べたような内容で詳細に伝える ・声の調子やリズム、表現の独特さ ・初めて会う人、長年の知人などで、言葉の表現を使い分けることが難しい ・伝えている内容が一貫していなくて、変わることがある	・行動面を観察して、本人が伝えたい内容をつかむ ・本人がよく使っているコミュニケーションの形態（文章、単語、写真、具体物、ジェスチャー）を活用する ・インテーク面接等で本人の表出コミュニケーションの特性を把握して、代用コミュニケーションやコミュニケーションのヒントになる資料を準備する ・指導に関しては、本人のよく使っている文脈、形態、機能からはじめ、スモールステップで進める ・場面に応じた報告等のコミュニケーションは、視覚的なヒントやリマインダー等を活用して教える（状況にあわせて習慣にしたり、習慣化せずに指示を活用する）
・同僚や上司からどのように見られているかを気にしていない、または気にしすぎる ・一方的に自分のイメージを伝えてしまう ・自分の知っていることは、周囲も知っていると思って接する ・他者からの評価を活用することが難しい。自己評価が高すぎたり、低すぎたりする ・「こうあるべき」という理想像に固執してしまう ・自ら同僚に関わりを開始することが難しい。また、関わってはいけない場面の状況判断ができない ・上司や同僚からのアドバイス、修正を受け入れることが難しい	・一方的に自分のイメージを伝えてしまい、相談者と相互に話を進めることが難しい ・自分の知っていることは、周囲も知っていると思って接する（例：知っている前提で話を進める） ・他者からの評価を活用することが難しい ・自己評価が高すぎたり、低すぎたりする ・「こうあるべき」という理想像に固執してしまう	・さまざまな状況を視覚的に提示・説明（関係図や解説文章、表）する ・自己理解と他者理解を表などで整理する ・個々の社会性のレベルに応じた機会を設定する（とくに幼児期・学齢期は計画的に社会的機会を設定する） ・過去の状況などを事前に調べたり、まず本人に確認する ・相手が自分とは異なった考え方をもつことや、他者評価の活用のメリットを計画的に伝える ・社会的なトラブルが起こった時に、瞬時に理解を促す支援でなく、本人の状態をみて、整理する時間を作る ・幼児期から誰かに相談し、コメントしたり、教えてもらったりすることを習慣化する

★……得意な部分、強み、活用できる部分

自閉症特性解説の手引き②

	特性の解説 (特性シートの項目になっています)		想定される行動や様子
			幼児期・学齢期
全体よりも細部に注目する特性	4. 転導性、衝動性、注意・注目の特性 転導的・衝動的な行動、切り替えの困難さ、注目することの困難さ　など	・興味関心が激しく移り変わる ・見た刺激に影響を受けて、突き動かされる ・さまざまな刺激に影響をうけて（次から次に）突き動かされた行動 ・注意注目の困難さ（注目できなかったり、注目しすぎたり） ・切り替えの困難さ ★一度注目を向けると継続的に集中しやすい	【転導性の特性】 ・教室の中で落ち着きがなく、次から次へと興味に突き動かされる。ウロウロとあちこちに動き回る ・活動や課題への注目や遂行が難しい ・持続的に１つの活動に取り組むことが難しい ・活動や課題に必要な指示に注目が難しい ・安全を確認できてない突発的行動がみられる 【切り替えの困難さ】 ・遊びなどの１つの行動が終われない ・次の活動や話に移ることが難しい ・いつまでも１つの話題を一方的に話し続ける
	5. 時間の整理統合の特性 日程の計画や調整、活動や手順の調整、実行機能の困難さ　など	・自分で計画をたて遂行することが困難 ・活動（予定）の見通しがもてない ・変更したり、調整したりすることの困難さ ・活動（予定）の変更への対応が困難	・日課や活動の見通しをもつことが難しい ・生活や学習の活動を自分で計画し進めることが難しい ・いつもと同じ状況がないと活動に移れない ・状況に応じた活動の流れの調整が難しい ・日課や予定等の変更が難しい ・自由時間が過ごせない
	6. 空間整理統合の特性 自分の位置や材料や道具の位置の調整、１つの場所の多目的利用の困難さ　など	・空間を計画的に整理して活用することの困難さ ・物や材料を整理しながら活動をすすめることの困難さ ・場所を多目的に使うことによる混乱 ・場面や事象を整理できずに期待されている行動に注目できない ・多すぎる材料を操作できない ・整理整頓の苦手さがある	・どこに座るか、どこで活動するかが自動的にはわからない ・工作や学習に必要な道具や教材を、自らイメージして机の上に準備することが難しい ・作業の効率を考えて、道具や材料、空間を配置することの困難さ

(ひとつの行動がいくつかの特性に関係しています)		指導・支援の指針 (特性シート指導・支援の概要の参考にしてください)
就労支援	相談支援	
【転導性の特性】 ・作業に関係のない見えている刺激や周囲の言葉に影響をうけて強く注目する ・刺激に影響をうけて作業や作業に必要な情報に集中ができない ・関係の無い刺激や情報に注目しすぎてミスが生じる ・安全を確認できてない突発的行動がみられる 【切り替えの困難さ】 ・興味関心の内容から切り替えて次に移ることが難しい ・いつまでも１つの話題を一方的に話し続ける ・気になる出来事が強く頭に残って日常への切り替えが難しくなる	【転導性の特性】 ・相談中にさまざまな刺激や情報が気になって相談に集中できない ・こちらが意図しない部分に注目した言動が見られる ・相談員の話や資料などへの注目が難しい ・話している内容に一貫性がなく変わる 【切り替えの困難さ】 ・１つの話題から次の話に移れない ・話が終われない ・相談が終われない ・１つの自分の考えを１度おいて、他の考えに注目することが難しい	・本人の状態を確認して注意喚起をする。必要に応じて指示の再確認をする ・不注意や突発的な行動に対応する安全の確認と配慮が必要である ・環境整備、整理によって、本人が突き動かされている刺激を少なくする ・注目してほしい部分、見通しを明確に伝える（リスト、手順書、絵や写真・具体物による提示／活動、仕事の内容、相談の内容） ・個々の特性にあわせて終わりの提示と次に何があるのか提示を行う ・切り替えるための指示や習慣を活用する
・出勤時間、仕事の開始などに遅れたり、調整をすることが難しい ・生活全般の活動を自ら計画し進めることが難しい ・いつもと同じ流れではないと仕事を進めることが難しい ・状況に応じた作業等の流れの調整が難しい ・複数の仕事が同時進行することが難しい ・状況によって変わる日課や予定等の変更が難しい ・休憩時間が過ごせない	・アポイントの時間に間に合わない ・逆にきっちり時間を守る ・計画などの変更や調整への対処が困難 ・相談の時間にあわせた会話の調整が難しい ・相談の流れや見通しが難しい	・１つひとつの活動の終わりを明確にする ・終わったら何があるのかの予告をする ・一日のいくつかの活動の見通しを伝える（スケジュール） ・１つの場所でのいくつかの活動を伝える（ワークシステム） ・１つの活動の見通しを伝える（例：手順書） ・日課や活動の流れの変化を視覚的に伝える ・やらなくてはいけないリストを提示する
・状況に応じてどこで仕事をしたり、待ったりすればよいのかがイメージできない ・道具や材料、空間を自ら計画し準備することが難しい ・作業の状況にあわせて、道具や材料の配置することの困難さ	・状況を理解して自分の座席を選ぶことが難しい ・自分の持ち物、上着などの置く場所をイメージできない ・相談の時に必要な資料と必要ではない資料の配置、操作がイメージできない ・書類の記入箇所などがわからず、混乱する	・明確に活動や休憩の場所を指示する ・１つの場所を多目的に使わない→活動ごとのエリアを設定する ・椅子やマットなどで具体的に境界を提示する ・道具の場所を指示する ・１つの課題を１つの箱に入れたり、一体型にしてまとめる ・材料を容器に入れたり固定したりする ・材料、道具の配置を指示する（テンプレート） ・書類などは、書きこむところを明確に提示する

★……得意な部分、強み、活用できる部分

自閉症特性解説の手引き③

	特性の解説 （特性シートの項目になっています）	想定される行動 幼児期・学齢期
全体よりも細部に注目する特性	**1．変化の対応の特性** 場所、物、人、予定、習慣の変化の不安・抵抗、強迫的な行動、ルーティンの必要性　など	・場所、物、人、予定、習慣になっているものの変化に対して不安や抵抗をしめす ・予定や状況の変更の困難さ ・活動の流れ、物の置き場所など習慣になっているものを維持しようとする ★いつも同じことをするのは得意です	・日課の変更で混乱、不安の行動をしめす ・習慣になっている活動の流れがいつもと違うと混乱したり、いつもと同じようにしたりする ・1つの場面で関わっている人が変わると混乱する ・いつもと異なる道順だと混乱する ・物の置き方にこだわって次の活動に移れなくなる
	2．関係理解の困難さ 関連づけしすぎ、関連づけが難しい、自己流の解釈、字義どおりの解釈、絵などを具体的にとりすぎる　など	・関係づけしすぎたり、関係づけできなかったり、意味（関係）の理解が難しかったり、意味（関係）を限定的に理解したり、間違って解釈する ・字義どおりの解釈をする ・具体的につかみすぎる ・自己流の判断をする	・似通った内容でも状況が変わると意味が理解できない ・比喩や慣用句などの言葉を字義どおり解釈してしまい、勘違いを起こしたり、混乱したりする ・具体的にとりすぎて混乱する。たとえば、完成の見本の絵のようには正確にならない時に、無理にあわせようとする ・自己流の判断をしたり、ルールをつくってしまう
	3．般化の特性 習得したスキルや人や物への対応が他の場面、違う文脈で状態が変わる。材料・場面・指導者が変わった時に課題を遂行できない　など	・1つの場所でできていることが、異なる場所ではできない ・1つの場所で学んだスキルを他で応用することが難しい ・人や場面と活動を結びつけて学んでしまう（関係づけしすぎる）	・家でできていることが学校（事業所）でできない ・先生や友だちによって表出コミュニケーションできたり、できなかったりする ・同じ内容の課題や活動でも、物の配置や素材の変化でできなくなる ・いつも使っている文具ではないと活動ができない ・似通った内容（意味）のことが、言い回しの違いで理解することが難しい
記憶の特性	**4．記憶の維持の特性** 短期記憶・作業記憶などの維持の困難さ　など	・一時的に記憶したことの記憶の維持が困難（短期記憶の維持） ・ある程度の時間、違った活動や思考をしながらも持続的に記憶して、それを活用するのが困難（作業記憶の維持） ・自分がとっている行動を持続的に記憶できない（作業記憶の維持）	・指示されたことや教えられたことを忘れる ・長い指示の部分しか記憶（理解）できない ・先生や友だちから質問された内容を考えたり、答えたりするうちに忘れてしまう ・移動途中で自分が「どこに向かっているか」「何をしているのか」がわからなくなる ・活動途中で、少し前に記憶した情報を、思い出して活用することが難しい

(ひとつの行動がいくつかの特性に関係しています)		指導・支援の指針 (特性シート指導・支援の概要の参考にしてください)
就労支援	相談支援	
・仕事の内容や流れが変更すると混乱したり、不安の行動を示したりする ・人事異動や新しい同僚、上司が変わるなどの変化に対応できずに混乱する ・道具や材料の置き場所が変わると混乱する、またはいつもと同じようにする ・自分の考え方を変えることが難しい	・予定していたことが変更されると混乱、不安の行動を示す ・相談の担当が変わると混乱する ・いつもと異なる場所だと混乱する ・物の置き方にこだわって次の活動に移れなくなる ・自分の考え方を変えたり、調整することが難しい	・「いつも同じが得意」を活用する（＝ルーティンの活用） ・物の位置などのこだわりは印などで基準を明確にする ・事前にわかる変更は予告する ・視覚的に活動予定、支援者等の予告が必要 ・変更も視覚的に伝える ・視覚的に指示を修正する ・変更や修正は習慣化する
・同僚の比喩を字義どおり理解して、勘違いを起こしたり、混乱したりする ・同僚の洒落や冗談に反応して怒ってしまう ・大雑把な上司や同僚の指示で混乱したり、期待していない行動をする ・共有スペースや物を自分所有のものにしてしまう ・自分でルールを決めてしまう ・「○○であるべき」という固執したイメージをつくる	・相談員の比喩を字義どおり理解して、勘違いしたり、混乱したりする ・洒落や冗談に反応して怒ってしまう ・曖昧な表現で混乱してしまう ・相談内容や情報を自己流に理解してしまう ・事業所の場所で、自分でイメージをつくって、相談員が把握できない行動をとる	・1つひとつの意味を本人にとって具体的に教える ・曖昧な表現をさけて、具体的な情報提供を行う ・本人の字義通りの理解に配慮した情報提供をする ・1つの意味に対して、たくさんの事例を体験し一貫したカテゴリーを整理する ・幼児期からの「似通っている」と「違い」などの分類課題で概念の幅を広げる ・自己流の解釈は、解説文、図や表などを活用して理解を促す
・教える人によって状態が変わる ・同僚や上司が変わることで、仕事を進めることが難しくなる ・訓練場面でできていたことが、実際の就労場面では応用できない ・似通った作業でも、素材や材料などの違いでできなくなる	・相談員が変わったり、部屋が変わると状態、言動が変わる ・似通った説明でも、言い回しが違うと理解することが難しい ・相談場面で学んだことを、生活の中で応用できない	・視覚的な支援の活用が般化を助ける（システムの活用） ・一貫した支援や教え方を心がける ・一場面一場面ていねいに教える ・場面によってできなくなることを想定する ・計画的に場所、人、状況を変えた経験を設定する
・上司や同僚からの指示を記憶することが難しい ・長い指示の部分しか記憶（理解）できない ・同僚との会話で、会話内容や質問内容を考えたり、答えたりするうちに忘れてしまう ・どこかに移動していることや行っている業務を忘れる	・電話での指示が記憶できない ・説明している内容を記憶することが難しい ・長い説明の部分しか記憶（理解）できない ・質問をされた時に、考えたり答えたりする間に質問の内容を忘れる ・現在実施している内容を忘れる	・視覚的な支援を行う ・リマインダーを活用する（記憶を補う工夫） ・事前に質問内容をリストにしておく ・スケジュールなどの視覚的な指示は常に確認できるようにする（例：絵カードを移動タイプにする）

★……得意な部分、強み、活用できる部分

自閉症特性解説の手引き④

特性の解説 (特性シートの項目になっています)			想定される行動
			幼児期・学齢期
記憶の特性	**5. 長期記憶の特性** 長期に脳に維持される記憶、経験した記憶が消せない特性　など	・一度覚えたこと（経験したこと）の記憶が消えない。忘れない特性 ★一度正しい方法を学ぶとそれを継続するのは得意	・周囲が覚えていない過去のことを鮮明に覚えている ・過去に実施した方法ときっちり同じように行動する ・同じルートで移動する ・嫌な過去の記憶を、まるで今経験しているようにとらえ、混乱したり、癲癇をおこしたりする ・辞書や辞典などの情報をまるで写真に撮ったように覚えている
感覚の特異性 視覚刺激、聴覚刺激、味覚刺激、嗅覚刺激、触覚刺激などによる反応、または鋭敏さ、鈍感さ		・感覚刺激に対する違いをもつ ・感覚刺激の鋭敏さ、鈍感さによる反応や無反応 ・視覚刺激→避けたり、目で隠したり　等 ・聴覚刺激→耳ふさぎ、大きな声　等 ・触覚刺激→服まくり、服脱ぎ　等 ・味覚刺激→苦手な食べ物　等 ・嗅覚刺激→部屋に入れない　等	・刺激に影響をうけて授業への注目が難しい ・着ることが難しい衣類がある ・刺激の過敏さによって、混乱したり、イライラする場面が見られる ・音などに気づかずに危険回避ができない ・ケガなどに気づかない ・刺激に大きく反応して学習の場所から出てしまう ・給食で食べることができないものがある ・気温の変化に対応することが得意ではない
微細運動・粗大運動 手と目の供応の困難さ、手先の不器用さ、緊張や柔軟さの無い体全体の動き　など		・脳での情報の特性による運動面での影響 ・不器用さ、目と手の供応の困難さ。体全体を使った行動、道具を使った行動の困難さ	・工作、理科の実験、調理などの手先を使った活動が得意ではない ・掃除などの体全体を使った活動が得意ではない ・ボールを使ったスポーツが得意ではない ・材料や道具、場面に応じた力の調整が難しい

（ひとつの行動がいくつかの特性に関係しています）		指導・支援の指針
就労支援	相談支援	（特性シート指導・支援の概要の参考にしてください）
・前の職場のやり方を鮮明に再現してしまう ・過去に起こったことを鮮明に覚えていて、コメントしたり、質問したりする ・過去の記憶を、まるで今経験しているようにとらえ、混乱したり、癲癇をおこしたりする ・正確に作業の動作を繰り返すことができる	・相談者の発言を鮮明に覚えている ・前の相談の時と変わっている物の配置などを覚えていて、時には混乱する ・過去の記憶を鮮明に細かく説明する ・過去の記憶を、まるで今経験しているようにとらえ、混乱したり、癲癇をおこしたりする	・できるだけはじめから成功体験できるように導く ・そのために具体的、視覚的に成功イメージを提示する ・失敗や手さぐりの幅は、個別に調整する ・新しいことを学ぶ時に、失敗した時の状況を避けて、新しい状況で教える ・以前の記憶を思い出してフラッシュバックを起こす要因の除去 ・フラッシュバックの対応に関しては、生活全般が見通しをもてるようにし、本人にとって意味ある充実した活動を設定することが重要になる
・機械などの音が気になって仕事に集中できない ・刺激の過敏さによって、混乱したり、イライラする場面が見られる ・音などに気づかずに危険回避ができない ・ケガなどに気づかない ・刺激に大きく反応して仕事の場所から離れる	・空調などの音が気になって相談に集中できない ・照明、湿度、臭いなどによって、使うことが困難な部屋がある ・刺激の過敏さによって、混乱したり、イライラする場面が見られる ・刺激に大きく反応して相談場面から離れる	・環境整備・環境整理をする ・刺激の統制をする ・本人にあった場所の選択（例：刺激がすくない場所） ・自分で回避する方法があった方がフラストレーションを回避しやすい（自己回避、自己コントロール） ・イヤマフ、サングラス等の活用 ・カームダウンエリアの活用
・手先を使った作業が得意ではない ・材料や道具にあわせた力の入れ方の調節が難しい ・書類などに記入することが得意ではない ・掃除などの体全体を使った活動が得意ではない ・仕事の中での移動がぎこちない	・筆記用具などの道具の使い方がぎこちない ・文字を書く時の力の強弱の仕方がうまくいかない ・書類などに記入することが得意ではない ・移動時などの動きがぎこちない	・まずは特性を受容することが大切 ・生活や仕事のマッチング ・視覚的支援やモデルの提示、肯定的な評価によって、適切な体の動きにつながる場合がある（ゴールイメージとフィードバックが必要） ・文字を書く時に枠や線を書いておく ・課題の材料や道具に工夫をする

★……得意な部分、強み、活用できる部分

自閉症・発達障害の構造化マトリックス①

	用途・目的	個別化の工夫	わかりやすくする工夫
教室・場所の環境設定 刺激の統制・エリアの設定 （物理的構造化※）	・さまざまな刺激を統制して（少なくして）、活動に注目できるようにする ・エリアを設定し、境界を明確にすることで、活動する場所を明確にする	・1つの場所は1つの活動と設定する ・ある程度1つの場所を多目的にする ・刺激の統制の度合い	【わかりやすく指示】 ・パーテーション、家具、テープ、カーペットで、境界を明確にする ・エリアに文字やシンボル、絵、写真などの場所を示す指示を貼る ・平面などにエリアの名前を記す 【わかりやすく整理して提示】 ・境界をつくり、1つの場所は1つの活動とするエリアを設定して、教室や場所の空間を整理する ・物の置き場所も決めて、収納しやすくする 【より明瞭化して提示】 ・境界線や家具の色を明瞭にする ・カーペットの色のコントラストを活用する ・必要なものを見せ、必要のない刺激を遮断する
1日の活動の提示 スケジュールの提示 （スケジュール※）	・1日のいくつかの活動の見通しを視覚的に提示する ・現在の活動と次の活動の見通し、その後の活動の見通しを伝える ・「いつ」「どこで」「何を」の情報を本人に伝える	・視覚的な指示のタイプ（リスト、単語、絵、写真、具体物） ・確認の仕方 ・上から下、左から右 ・トランジッションカードの有無 ・移動型、固定型	【わかりやすく指示】 ・文章、単語、絵、写真、代表的具体物、実際に使う具体物など、本人の理解にあわせた視覚的な情報で伝える ・スケジュールを確認するタイミングを、声かけ、トランジッションカード、タイマー、時間などで伝える ・移動先にカードのポケットや場所の指示がある 【わかりやすく整理して提示】 ・リストタイプ、カードがマジックテープ等で貼られているなど、整理の仕方を個別化する ・上から下、左から右など流れが整理されている 【より明瞭化して提示】 ・カードとスケジュールボードの色のコントラスト ・スケジュールボード、カードに厚みをつける ・トランジッションカードに興味関心のあるものを活用する（例：キャラクターのイラスト） ・トビーやカットアウトタイプを利用する
1つの場所でのいくつかの課題・活動の提示 （ワークシステム※）	・1つの場所での複数の活動の提示 ・どの課題をするか、どのくらいの量か、どうやったら終わりか、終わったら何かを提示する	・視覚的な指示のタイプ ・左から右の流れ、上から下の流れ ・マッチングの活用 ・確認してから課題までの移動の有無 ・課題の数 ・ワークシステムが示すもの（課題そのもの、材料リスト、指示書）	【わかりやすく指示】 ・実際の課題を横に置く ・リスト、数字や色、形のマッチング ・課題が終わったらどこに置くのかの指示（フィニッシュボックス、元の棚、右の棚、指示された場所） 【わかりやすく整理して提示】 ・リストタイプ、カードが面ファスナー等で貼られているなど、整理の仕方を個別化する ・上から下、左から右など流れが整理されている 【より明瞭化して提示】 ・カードのボードの色を変える ・ボード、カードに厚みをつける ・マッチングに興味関心のあるものを活用する（例：キャラクターのイラスト） ・カットアウト型はめを利用する

教える工夫・習慣化	設置や環境を工夫する
・スケジュールとあわせて教え、1つの活動の場所を決めているので習慣化して学ぶ ・必要にあわせて個々にあわせた手がかりで場所の移動を促す ・異なる場所に移動した時は再度スケジュールを確認し促す ・最初は「1対1のエリア」と「遊び」の繰り返しなどから、習慣をつくる ・距離が遠い場合は、移動の最初を手伝い、場所に入るほうから自立するようにする	・本人（メンバー全体）の動線に考慮した配置にする ・全体的に生活の流れがイメージしやすい設定にする ・ある程度、同じ目的の場所を近くにする（音の出るおもちゃは教室の隅に置くなど）
・スケジュールの使い方は個々にあわせた手がかりで教える ・個々にあわせた手がかりと視覚的指示により移動を促す ・異なる場所に移動した時は再度スケジュールの指示を確認し促す ・スケジュールを確認して移動する場所がいつも同じであることで習慣をつくる ・最初は「1対1のエリア」と「遊び」の繰り返しなどから習慣をつくる ・距離が遠い場合は、移動の最初を手伝い、スケジュールに提示されている場所のほうから自立するようにする	・個々の特性に応じた場所を設置する ・他の人と共有にしたり、個別化して別の場所に設置したりする（共有にする場合は色や視覚的な合図により、自分のスケジュールをわかりやすくする） ・動線を意識して配置する ・自分で持ってスケジュールボード自体を移動するタイプもある ・移動する場合は、各エリア等に置く場所を決めたり、指示したりする
・ワークシステムの使い方は個々にあわせた手がかりで教える ・後の課題を先に確認するなどのエラーは修正を行う ・ワークシステムを確認してから1つの課題を開始するまでの流れは習慣で教える ・最初は好きな課題から実施する	・個々の特性に応じてワークシステムの指示の位置と課題、材料を設置する ・注目、動線を意識して配置する ・移動型のスケジュールをコンバインタイプにする場合もある

※ の用語は TEACCH 自閉症プログラムの構造化された指導を参考にしています

自閉症・発達障害の構造化マトリックス②

	用途・目的	個別化の工夫	わかりやすくする工夫
課題・活動を わかりやすく 提示 （視覚的構造化 ※）	・1つの課題、1つの活動（例：マッチング課題、掃除）を見てわかりやすく提示したり、本人にわかりやすい手がかりを示したりする	・視覚的な指示のタイプ（リスト、単語、絵、写真、具体物、印、形、色、数字、など） ・上から下、左から右 ・様々な活用できるスキル（1対1の対応、プットイン、完成見本、見本ジグ、参照など）	【わかりやすく指示】（※ 視覚的指示） ・文章、単語、絵、写真、代表的具体物、実際に使う具体物など、本人の理解にあわせた視覚的な情報で伝える ・完成見本、多様ジグ、反復ジグ、絵辞典 ・印、形、色 ・数字の順序性　など 【わかりやすく整理して提示】（※ 視覚的整理統合） ・材料や道具、指示を整理して伝える・材料を1つにまとめる ・材料がマジックテープなどで固定されている ・一体型、ファイリングタイプにする ・テンプレートを活用する ・平面図で指示する道具の配置を指示 ・表や記入ボックス、枠　など 【より明瞭化して提示】（※ 視覚的明瞭化） ・指示や材料などをより明瞭にする ・材料と容器の色のコントラスト ・プットインにする ・ハイライトやマーキングをする ・材料を少なくする ・汚れてないところを汚す ・必要ないボタンなどを隠す
変更を伝える （変更のシステム ※）	・スケジュールやワークシステムなどに提示されている指示に「変更」「追加」「中止」などを伝える	・合図、印 ・ポジティブな合図にする ・文字による指示 ・変更・追加の内容を本人が確認しないと見えない工夫 ・色で「変更」「追加」「中止」を明瞭化する	【わかりやすく指示】 ・矢印、合図、シンボルマーク ・文字による指示 ・別紙に「変更」「追加」「中止」の解説を入れる 【わかりやすく整理して提示】 ・面ファスナーでボードやカードに貼る ・中止したカードを本人がとらないようにボードに巻いて設置する 【より明瞭化して提示】 ・「変更」「追加」「中止」の色を分ける ・本人が興味関心のあるもの（たとえば、虫の絵など）を合図にする

教える工夫・習慣化	設置や環境を工夫する
・1対1のエリアで実施する（基本は自立エリアで無理に教えない） ・個々にあわせた手がかりで教える（言語指示、ジェスチャー、モデリング、手ぞえなど） ・計画的にフェードアウトする（手がかりを減らして自分でできるようにする） ・手がかりと同時に課題の指示を提示する ・1対1のエリアで教えて、できるようになったものは、自立エリアに移行する ・自立した課題は他の場面でも自立できように設定する ・1つの課題が難しい場合、課題を細分化して部分を課題とするところから始める	・材料や道具、手だてをひとまとめにして、左側の棚やテーブル、または離れた特定の場所に置いておく ・材料、道具、手だてが、別々の場所に置いてあり、指示リストを活用して回収する ・活動（課題）に必要なものが、活動場所の近くにある ・活動（課題）に必要なものが、活動場所から離れている ・活動（課題）に必要なものが、活動場所に設置されている（例：内職・アイロンの場所）
・変更のシステムは、スケジュールの活用と同時に始めたほうが習慣になりやすい ・個々にあわせた手がかりと同時に変更の指示を提示する ・最初は、好きでも嫌いでもない活動から変更する。また意図的に変更が起こるように計画する	・変更の合図は、スケジュールとワークシステムで主に活用する ・すぐ活用できるようにスケジュールやワークシステムの近くに整理して置いておく

※の用語は TEACCH 自閉症プログラムの構造化された指導を参考にしています。

視覚的情報提供のフォーム集　その1

ここで紹介するフォームは、支援ミーティングの際の板書構成、自閉症の人や保護者への情報提供の参考にしてください。

●1つの情報を中心に情報を整理する

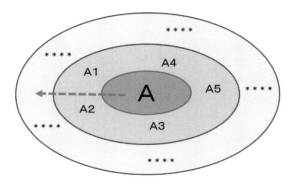

解説：1つの内容に関連するいくつかの内容を出して、いくつかのアイデア・計画を出すフォーマットです

例）「整理統合の困難さ」を中心にして、時間の見通し、物や材料の整理、コミュニケーション・対人関係の困難さを出して、それぞれに支援計画をたてる

●さまざまな情報から共通するポイントを整理する

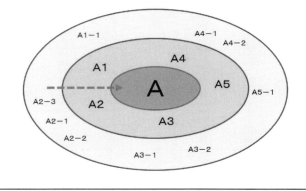

解説：さまざまな情報から関連づけて、いくつか、または1つのポイントにまとめる

例1）生活の中のいくつかの困難さを書き出してみて、それがどんな特性と関連があるかを確認する

例2）表出コミュニケーションしている場面を書き出して、どんな場面（文脈）で、どんな内容（機能）で、どんな形態で伝えているかを確認し、中央に今後の計画をたてる

●度合いを見る

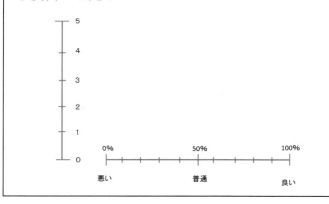

解説：さまざまな度合いを何段階かで確認する

例1）声の音量
例2）気持ちの変化
例3）できばえ
例4）評価

視覚的情報提供のフォーム集　その２

ここで紹介するフォームは、支援ミーティングの際の板書構成、自閉症の人や保護者への情報提供の参考にしてください。

●縦軸と横軸の度合いから確認する

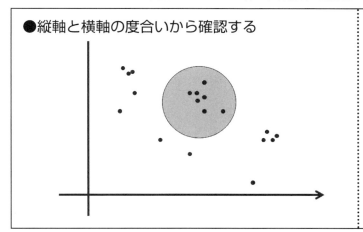

解説：２つの要素で度合いを確認して、状態を確認したり目標を設定したりする

例１）速さと質
例２）睡眠と勤務
例３）力加減と状態

●いくつかの内容の割合を確認する

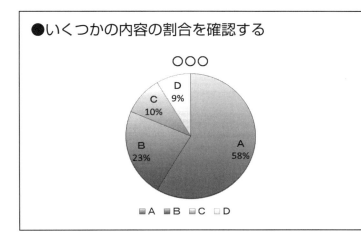

解説：いくつかの内容が、どのくらいの度合いになっているかを確認する

例１）１日の生活内容（仕事と休息・余暇）
例２）休日の過ごし方
例３）人の考え方

●今後のプロセスを書き出す

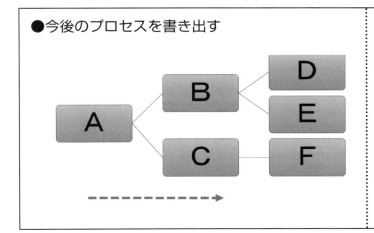

解説：何とおりかのプロセスが考えられる場合の解説で活用する

例１）就労までのプロセス
例２）事業所利用までのプロセス
例３）インテーク面接の流れ

資料　151

支援会議・保護者との協働で活用するフォーム集

ミーティング等の板書構成、配付資料等のヒントにしてください。

●氷山モデルで考える

気になる行動

環境要因	本人の特性	本人の気づき

今後の計画

解説：気になる部分を書き出して、本人の特性と環境要因、本人の気づきを書き出して、支援計画を考える

●家庭と学校・事業所での違いを確認する

	家庭で	事業所で	共通点と今後の計画
できていること			
難しいこと			
どのように支援しているか			

解説：家庭と学校、事業所での違いを書き出して、共通点と今後の計画を考える

●家庭と学校・事業所で優先順位を立て考える

気になる行動	優先順位 家庭	優先順位 事業所	関連のある要因（特性・環境・気づき）	一貫したい今後の計画
＊＊＊＊＊＊＊＊	○	○ 1		
＊＊＊＊＊＊＊	△	○ 3		
＊＊＊＊＊＊＊＊	○	△ 2		
＊＊＊＊＊＊＊	△	△ 4		
＊＊＊＊＊＊＊＊	○	○ 1		
＊＊＊＊＊＊＊	○	△ 2		

解説：保護者のニーズを書き出して家庭、学校、事業所で重要度を○、△でつけて、○が多い所から優先順位をたて話し合う

IEPシートの保護者のニーズ内容の解説と記入例

	内容の解説	主な記入例
自分でできる 行動管理・ 身辺自立・ 生活スキル	・日常生活の基本動作（ADL）に関する内容 ・基本行動に関する内容 ・さまざまな活動に関しての内容	・トイレで排尿ができるようになってほしい ・くつを履けるようになってほしい ・自分で次の活動に移ってほしい ・遊び時の物投げを少なくしてほしい ・配膳時に、お盆をならべられるようになってほしい ・朝の会の時に座っていてほしい
体を使う 微細・粗大 運動	・手と目の供応に関しての内容 ・手先を使った活動に関しての内容 ・体全体を使った内容 ・体の動きに関する内容 ・バランス感覚 ・運動、スポーツに関する内容	・箸を持てるようになってほしい ・大きめのボタンがはめられるようになってほしい ・ハサミでまっすぐな線を切ってほしい ・キャッチボールができるようになってほしい ・ボールを蹴れるようになってほしい
学び 概念・教科・ 自己理解等	・基本的な学習 ・意味の理解 ・概念、教科 ・自分や周囲についての理解	・プットインのタスクができるようになってほしい ・物の個数を数えてほしい ・ひらがなが書けるようになってほしい ・絵と具体物のマッチングができるようになってほしい ・時計の意味を理解してほしい
遊び・余暇	・余暇の活動で広がってほしい内容 ・遊びや遊び方	・10ピースのパズルができるようになってほしい ・おもちゃで20分間続けて遊んでほしい ・工程のあるおもちゃで遊んでほしい ・自由時間に活動することを増やしてほしい
人との関わり コミュニケーション・ 対人行動	・相手からのメッセージの理解 ・相手に自分の気持ちを伝えるコミュニケーション ・対人関係や社会的な場面でのふるまい方	・指示を理解して行動してほしい ・おやつの場面で要求ができるようになってほしい ・「手伝って」が伝えられるようになってほしい ・目の前で起こっていることを説明できるようになってほしい ・並行して活動ができるようになってほしい ・物を共有して使ってほしい ・10人ぐらいのグループで活動してほしい
健康と安全	・健康面の内容 ・医療の利用（通院、健診） ・安全の配慮の内容	・マスクをつけられるようになってほしい ・歯科通院ができるようになってほしい ・予防接種ができるようになってほしい ・安全を確認しながら歩道を歩いてほしい
その他の要望	・感情のコントロールの内容 ・その他、少し先の夢など自由に書いてください	・リラックスする方法をみつけたい ・将来、家族でテニスをしに行きたい ・家族で○○へ旅行したい

● **ワークシート**　154〜161頁のワークシートは、付属のCDに入っています

＜基本アセスメントA＞

自立課題アセスメントシートWS006 [理解のアセスメント タイプA]

NO.　　　氏名：　　　日付：　　/　　/　G

課題目標	理解のアセスメント（基本項目）					活用できる部分	課題・支援の必要な部分	指導・支援の方向性
	項目（工程・活動 等）	P	E	F				
	1　言語の理解（物）							
	2　言語の理解（動作）							
	3　文字の理解（物）							
	4　文字の理解（動作）							
	5　絵の理解（物）							
	6　絵の理解（動作・再現）							
	7　写真の理解（物）							
	8　写真の理解（動作・再現）							
	9　具体物の提示							
	10　動作のモデル							
マッチング・分類								
	11　文字―物							
	12　絵―物							
	13　写真―物							
	14　文字―文字							
	15　絵―絵							
	16　写真―写真							
	17　物―物							

☑P＝できている　☑E＝芽生え反応・気づいてはいる　☑F＝できない V・G・M・P

本人の全体の様子	活用できるスキル	課題・支援の必要性	指導・支援の方向性

□NO. →

< 基本アセスメント B >

自立課題アセスメントシート WS006 【理解のアセスメント タイプB】

NO.　　氏名：　　日付：　／　／
記入者：

課題目標	理解のアセスメント（high項目）				活用できる部分	課題・支援の必要な部分	指導・支援の方向性
	項目（工程・活動 等）	P	E	F			
1	言語指示（文章）						
2	言語指示（単語）						
3	標識・シンボルの理解						
4	文字の文章指示						
5	文字の単語の指示						
6	リストの利用						
7	完成見本（絵・写真）						
8	絵・写真のシグの活用						
9	絵による辞書の使用						
10	慣用句・比喩の活用（字義通りの解釈の確認）						
11	絵本・物語を読む						
12	絵本・物語を理解する						

☑P＝できている　☑E＝芽生え反応・気づいてはいる　☑F＝できない　□NO. →

本人の全体の様子	活用できるスキル	課題・支援の必要性	指導・支援の方向性

※より詳細な支援計画は、自立支援シートを活用してください！

資料　155

＜基本アセスメントC＞

自立課題アセスメントシートWS006【基本概念のアセスメント】

課題目標：

日付： ／ ／
記入者：
氏名：
NO．

基本概念	項目（工程・活動 等）	P	E	F	活用できる部分	課題・支援の必要な部分	指導・支援の方向性
	1 finish BOXの利用						
	2 プットイン						
	3 first,then〜のルーティン						
	4 1対1の対応						
	5 カットアウトの利用						
	6 色の分類						
	7 形の分類						
	8 文字のマッチング						
	9 単語のマッチング						
	10 物の個数の理解						
	11 指定された個数を準備する						

☑P＝できている ☑E＝芽生え反応・気づいてはいる ☑F＝できない
□NO．→

	活用できるスキル	課題・支援の必要性	指導・支援の方向性
本人の全体の様子			

※より詳細な支援計画は、自立支援シートを活用してください。

156

<IPすてっぷ計画シート>

すてっぷ計画シート

日付： ／ ／   氏名：

●アセスメント実施状況

□スタートセッション（ ／／ , ／／ , ／／ ）		
□フォーマルアセスメント	実施日	要約

●行動所見

●課題の指導・支援計画

	現在の実態・評価	課題目標	指導・支援の方向性
できている部分			
芽生え反応			
チャレンジ			
	現在の実態・評価	支援の方向性	
支援の必要性			

総合所見：

※このシートはTEACCH自閉症プログラムの構造化された指導とP（合格）・E（芽生え）・F（不合格）の視点を参考にしています。

＜幼児期・学齢前期＞

保護者調査

利用者氏名			
記入年月日		記入者：	

年間キャッチフレーズ：			
領域	保護者ニーズ（聞き取りで記入する）	その課題が難しさの理由と思われる点	優先順位
自分で活動する （行動管理）			
生活する （身辺自立・生活スキル）			
体を使う （微細・粗大運動）			
学　習 （概念・教科について）			
遊び・余暇			
コミュニケーション			
対人行動 （ソーシャルスキル）			
地域で生活			
自分・周囲について知る			
健康と安全			
その他の要望			

※領域に関しては、各家庭・学校で項目を整えて活用してください。

＜幼児期・学齢前期＞

情報整理シート

領域	利用者氏名		
記入者			記入日:20　年　月　日（　）
保護者ニーズ			
年間キャッチフレーズ			

	現在の実態・評価	課題目標 ※日中・家庭・地域の設定も記入	その活動の弊害になっているもの 課題となっている部分 本人の特性,環境,本人の経験によるもの	優先順位
P（できている）				
E（芽生え・気づき）				
チャレンジ				
その他				

※この情報整理シートは、藤村 出先生が作成された横浜やまびこの里の個別プログラムシートを参考に作成しました。
※「芽生え反応」はTEACCH自閉症プログラムの視点を参考にしました。
※領域に関しては、各家庭・学校で項目を整えて活用してください。

資料　159

<幼児期・学齢前期>

個別支援計画（短期目標）

利用者氏名			
記入年月日		記入者名	

年間キャッチフレーズ:

領域	課題目標	事	家	P	E	F	モニタリング記録
自分で活動する （行動管理）							
生活する （身辺自立・生活スキル）							
体を使う （微細・粗大運動）							
学　習 （概念・教科について）							
遊び・余暇							
コミュニケーション							
対人行動 （ソーシャルスキル）							
地域で生活							
自分・周囲について知る							
健康と安全							
その他							

※領域に関しては、各家庭・学校で項目を整えて活用してください。
※このシートは児童発達支援センターぐるんぱ（幼児）のものです。

<幼児期・学齢前期＞

達成記録シート

利用者氏名			
記入年月日		記入者名	

年間キャッチフレーズ：

領域	達成記録（必要に応じてFWシートをつける）	P	E	F	NA	達成日	今後参考になる情報
自分で活動する （行動管理）							
生活する （身辺自立・生活スキル）							
体を使う （微細・粗大運動）							
学　習 （概念・教科について）							
遊び・余暇							
コミュニケーション							
対人行動 （ソーシャルスキル）							
地域で生活							
自分・周囲について知る							
健康と安全							
その他							

※この情報整理シートは、藤村 出先生が作成された横浜やまびこの里の個別プログラムシートを参考に作成しました。
※P＝合格・E＝芽生え反応・F＝不合格　P/E/Fの視点は、TEACCH自閉症プログラムの視点を参考にしました。
※NA＝本人にとって現在取り組む必要がなくなった課題。
※領域に関しては、各家庭・学校で項目を整えて、活用してください。
※このシートは児童発達支援センターぐるんぱ（幼児）のものです。

資料

CD-ROMに収録のフレームワークシートの解説

付録のCD-ROMには、以下のワークシートが収録されています。ExcelとPDFの2種類のファイルがあります。※以下の内容はExcelのデータを基準として解説します。

■ Folder：01

個別支援計画に関するシート	解説	関連・参考ページ
□ IP-生活デザインシート	現在の本人の生活と将来の生活の広がりを比較して、1～5年間の長期的なキャッチフレーズを考えるシートです。	A：17～18頁
□ IP-幼児期・学齢前期	個別支援計画の中の短期目標を考えるシートの幼児期・学齢前期版です。保護者のニーズと本人の実態から情報整理シートを活用して整理します。	A：25～35頁
□ IP-学齢後期・移行期	個別支援計画の中の短期目標を考えるシート学齢後期・移行期版です。本人・保護者のニーズと本人の実態から情報整理シートを活用して整理します。	A：25～35頁
□ IP-すてっぷ計画シート	本人への課題目標を立てる簡易版のシートです。できている部分・もう少しの部分・チャレンジさせたい部分から課題を考えます。	A：35～37頁
□ IP-幼児期・学齢前期簡易版	個別支援計画の中の短期目標を考えるシートの幼児期・学齢前期の簡易版です。	A：25～35頁

■ Folder：02

基本フレームワークシート	解説	関連・参考ページ
□ WS001 特性シート（A版、B版）	自閉症・発達障害の特性を書き出すシートです。『自閉症特性解説の手引き』（A：138～145頁）を参考にしながら書いてください。	A：12～14頁 B：14～17頁
□ WS002 個人情報シート	本人の理解している情報やもっているスキル、興味関心などを書き出すシートです。自立課題シート、氷山モデルシートを書く上での参考資料になります（Pass：できるの項目、活用できる本人の気づき）。	A：15～17頁 B：28～29頁
□ WS003 構造化・支援シート	生活全般の構造化などの支援をまとめるシートです。『自閉症・発達障害構造化マトリックス』（A：146～149頁）などを参考に記入します。	A：20～23頁 B：54～57頁
□ WS004 生活支援シートA版 時間帯で記入	生活支援シートは、生活の一つひとつの場面での本人の様子・状態と指導・支援の方向性を書き出すものです。生活全般の計画（B計画）のシートです。今回は、書籍『フレームワークを活用した自閉症支援』で紹介した生活支援シートの改訂したバージョンを公開します。Bタイプは、時系列ではなく、主な場面を羅列して記入します。また、筆者が提案する基本場面を記入したシートと空欄のシートを用意しました。場面の項目は各事業所で追加記入してください。使用に関しては、書籍『フレームワークを活用した自閉症支援』62～65頁を参考にしてください。	A：23～24頁 B：62～65頁
□ WS004 生活支援シートB版 活動生活内容		
□ WS004 生活支援シートSS版 基本用		
□ WS005 自立課題シート	課題・活動などの自立支援のためのアセスメントおよび計画を立てるシートです。	B：72～73頁
□ WS006 自立課題アセスメントシート	工程の多い活動のアセスメント、いくつかの課題・活動のアセスメントおよび計画を立てるシートです。	B：78～80頁 88～89頁
□ WS007 自立度チェックシートA版	課題・活動の自立度合いを介入の段階を記入して経過を見るシートです。	B：82～83頁
□ WS007 自立度チェックシートB版		
□ WS008 タスク計画シートA版	いくつかの課題・活動のアセスメント内容と視覚的な手立て（視覚的構造化）を整理するためのシートです。	B：94～95頁
□ WS008 タスク計画シートB版		
□ WS009 氷山モデル	課題になっている行動（氷山の一角）と本人の特性・気づき・環境の3つの要因を書き出して支援計画を立てるシートです。	B：104～105頁

☐ WS010 　行動支援記録シート	外出活動・行事などの中のいくつかの活動の事前の準備と実施後のアセスメント内容を書き出し、次回の同じような活動の時に参考にするシートです。	B：106～107頁
☐ WS011 経過記録シート	自立支援や行動支援での継続的な支援や経過観察が必要な時に活用するシートです。	B：76～77頁
☐ 基本アセスメントA ☐ 基本アセスメントB ☐ 基本アセスメントC	本人の理解の仕方、もっているスキルのアセスメントをまとめるシートです。アセスメント後は「個人情報シート」にまとめます。	A：15～17頁 B：88～89頁 　28～29頁
☐ 社会性アセスメント	接近、並行、共有などの社会性の段階を確認するシートです。それぞれの段階で「できている」「一部分もっている」「もってない」でアセスメントします。「社会性の段階と解説」の表を参考に評価します。	A：89頁「表26 社会性の段階と解説」

■ Folder：03

実践フレームワークシート	解説	関連・参考ページ
☐ interval_15min ☐ interval_30min	15分および30分インターバル記録は、15または30分間の中で、その事象（行動）が「起こった」か「起きなかった」または起こった回数をチェックする記録です。事象（行動）にある程度の規則性があるか？（曜日・時間）、他の活動や状況の影響は？数か月後に同じアセスメントをとって変化は？などの観点で確認します。	A：107～108頁
☐ relaxation 　アセスメントシート	リラクセーションの支援のための事前アセスメントと計画を書き出すシートです。	A：107～108頁

■ Folder：04

支援体制・協働に関するシート	解説	関連・参考ページ
☐ col 家庭と学校・事業所での 　支援確認シート	このシートは、家庭での支援（療育）との一貫性がもてていないことをポジティブに考えるシートです。共通の視点を少しずつ整理するためのものです。 シートは、さまざまな本人の状況、課題を保護者のもっている視点・情報、学校・事業所のもっている視点・情報を書き出し、真ん中に共通点を書き出し、支援計画を立てるものになっています。Bタイプは、その簡易版でいくつかの場面・状況を書き出すものになっています。	A：133～135頁
☐ col 支援・対応調整シートA	保護者も含む協働の支援チーム間で、支援・対応をポジティブに違いを確認して調整し、一貫性をもつ話し合いをするためのシートです。	A：133～135頁
☐ 生活の変化に対応する 　支援計画シート	生活に変化が生じる前後に支援を確認するシートです。	A：111～116頁
☐ 生活支援体制シート	生活シナリオを個別化している福祉事業所や特別支援学級・学校などでは、日課も個別化した時間もあれば、全体の時間もあり、一人ひとりの活動の日課が変わってきます。それにあわせて支援スタッフの配置も変わります。このシートは利用者の日課と職員の役割・場所を整理するためのシートです。事業所、学校にあわせて時間帯を変えて使ってください。	B：62～63頁
☐ 避難訓練記録・ 　避難困難者リスト	避難訓練時のアセスメントをまとめることで、実際の避難時の対応を確認しておくシートです。あわせて、このシート自体が避難困難者の確認シートになります。	A：117～118頁

A＝本書『フレームワークを活用した自閉症支援2　生活デザインとしての個別支援計画ガイドブック』
B＝前著『「気づき」と「できる」から始める　フレームワークを活用した自閉症支援』

【参考文献】

※ 本書は下の文献を参考にしています。本書はスタートするための本ですが、さらに深めたい方にはおすすめの本です。

- 「個別プログラム」様式　藤村出　編
- 佐賀大学文化教育学部附属養護学校　1998年研究紀要第9集
- 佐賀大学文化教育学部附属養護学校　2001年研究紀要第11集
- 佐賀大学文化教育学部附属特別支援学校　2009年研究紀要第14集
- 『医療・保健・福祉・心理専門職のためのアセスメント技術を高めるハンドブック ―ケースレポートの方法からケース検討会議の技術まで』（近藤直治司 著　明石書店）
- 朝日福祉ガイドブック『自閉症の人たちを支援するということ― TEACCH プログラム新世紀へ―』（佐々木正美／内山登紀夫／村松陽子 監修　朝日新聞厚生文化事業団）
- 朝日福祉ガイドブック『自閉症のひとたちへの援助システム― TEACCHを日本でいかすには―』（藤村出／服巻智子／諏訪利明／内山登紀夫／安部陽子／鈴木伸五 著　朝日新聞厚生文化事業団）
- NPO法人それいゆ主催TEACCH5デイトレーニングセミナー（2005年）資料「ASSESSMENT OF SOCIAL LEVELS」　A．ジャック・ウォール博士（A. JACK WALL）
- 『講座自閉症児のコミュニケーション指導法―評価・指導手続と発達の確認―』（E.ショプラー／L.R.ワトソン／C.ロード／B.シェーファー 著　佐々木正美／青山均 監訳　岩崎学術出版）★
- 『自閉症児のためのTEACCHハンドブック』（佐々木正美 著　学研教育出版）
- 『自閉症のトータルケア― TEACCH プログラムの最前線―』（佐々木正美 監修　内田登紀夫／古屋輝雄／青山均 編集　ぶどう社）
- 『重度障害者の就労支援のための―ジョブコーチ入門』（小川浩／梅永雄二／志賀利一／藤村出 著　エンパワメント研究所）
- 『見える形でわかりやすく～TEACCH における視覚的構造化と自立課題～』（ノースカロライナ大学医学部精神科TEACCH部編　今本繁 訳　服巻智子 協力　エンパワメント研究所）
- 『障害者の雇用・就労をすすめるジョブコーチハンドブック』（小川浩 編著　エンパワメント研究所）
- 特別支援教育をすすめる本全4巻①発達障害のある子への支援［幼稚園・保育園］（内山登紀夫 監修　諏訪利明／安倍陽子 編　ミネルヴァ書房）
- 『TEACCHプログラムによる日本の自閉症療育』（佐々木正美 監修　小林信篤 学研教育出版）

（★は2015年2月現在　絶版のものです）

水野　敦之 (Mizuno Atsushi)
自閉症教育・支援コンサルタント
自閉症生活デザインコーディネーター

西九州大学家政学部社会福祉学科卒。講師として特別支援学校を６年間経験後、特定非営利活動法人それいゆで自閉症及び発達障害の成人期を中心に支援に取り組む。自閉症に特化した地域移行モデル、就労移行モデルの整理。
平成20年より「生活デザインとしての個別支援計画モデル」と「自閉症教育・支援フレームワーク」を整理、全国で講演・ワークショップを開く。
平成22年より社会福祉法人つつじに勤務。発達障害地域支援体制マネジメント事業地域支援マネジャー・こども発達支援センターぐるんぱ総括ディレクターの実践で、早期療育や発達障害児・者の地域支援体制についてのモデルを整理。平成30年より宮崎に拠点を移し、令和２年４月現在宮崎県社会福祉事業団　宮崎県中央発達障害者支援センター　センター長として勤務。

全国数か所の自閉症の教育・支援に関する事業体及び自治体コンサルテーション
余暇支援サークルまちかどネットワーク三輪社代表

ブログ：BOUZAN NOTE!!　https：//bouzan-note.com/
Facebookページ https：//www.facebook.com/autismframework
e-mail：bouzan70@gmail.com

本書で紹介したフレームワークに関しての追加情報やセミナー・ワークショップの案内などを掲載しています。本書の内容についてのお問い合わせもこのブログサイトからお願いします。

| 自閉症　フレームワーク | 検索 |

協働研究・情報提供事業所
・株式会社ぷれしゃす
・社会福祉法人滝乃川学園
・社会福祉法人つつじ
　児童発達支援センターぐるんぱ
　サポートオフィスQUEST
・社会福祉法人はーとふる
・社会福祉法人宮崎県社会福祉事業団
・社会福祉法人ゆたか会　希望の郷
・児童発達支援事業所すずらん
・特定非営利活動法人それいゆ
・特定非営利活動法人陽だまり
・特定非営利活動法人未来図
・特定非営利活動法人夢
（五十音順）

協働研究者
相澤梨沙
大城悦子
大野麻琴
田中由季
二宮未央
堀　寛子
村岡伸祥
用松　里沙
（五十音順）

```
本書に添付されている CD-ROM は Windows 対応です。
Mac をご利用いただいた場合でも基本的な動作に問題はありませんが、フォルダ名の
一部などに文字化けが生じる場合があることをあらかじめご了承願います。
データは web サイトからダウンロードできます。
web サイト：BOUZAN NOTE!!
https://bouzan-note.com/
```

フレームワークを活用した自閉症支援 2

生活デザインとしての個別支援計画ガイドブック

すぐに使えるワークシート用　CD-ROM 付

発行日	2015 年 5 月 27 日　初版第 1 刷（3,000 部）
	2017 年 2 月 17 日　第 2 刷（1,000 部）
	2018 年 11 月 1 日　第 3 刷（1,000 部）
	2020 年 10 月 15 日　第 4 刷（1,000 部）
	2023 年 5 月 1 日　第 5 刷（1,000 部）
著　者	水野　敦之
発　行	エンパワメント研究所
	〒 201-0015　東京都狛江市猪方 3-40-28　スペース 96 内
	TEL/FAX 03-6892-9600
	https://bit.ly/2UIqr0v
	e-mail：qwk01077@nifty.com

編集・制作　七七舎　　装幀　石原雅彦
印刷　シナノ印刷

ISBN978-4-907576-36-3

エンパワメント研究所の本

「気づき」と「できる」から始める
フレームワークを活用した自閉症支援
すぐに使えるワークシート集
CD-ROM 付

著：水野敦之
価格：1,600 円＋税

視覚シンボルで楽々コミュニケーション
障害者の暮らしに役立つシンボル 1000
CD-ROM 付き

編：ドロップレット・プロジェクト
価格：1,500 円＋税

増補版
自閉症の子どもたちの生活を支える
すぐに役立つ絵カード作成用データ集
CD-ROM 付き

監修：今本　繁
編著：藤田理恵子・和田恵子
価格：1,500 円＋税

見える形でわかりやすく
TEACCH における
視覚的構造化と自立課題

編：ノースカロライナ大学医学部精神科
　　TEACCH 部
訳：今本　繁
価格：800 円＋税

TEACCH による
成人期自閉症者への支援

監修：小林信篤
価格：1,800 円＋税

楽しく学べる 怒りと不安のマネジメント
カンジョウレンジャー
＆ カイケツロボ

著：齊藤佐和、小郷将太、門脇絵美
編著：武藏博文
価格：2,000 円＋税

ちゃんと
人とつきあいたい
発達障害や人間関係に悩む人のための
ソーシャルスキル・トレーニング

編著：井澤信三、霜田浩信、島道生、
　　　細川かおり、橋本創一
価格：1,600 円＋税

自閉症支援の最前線
さまざまなアプローチ

著　：武藏博文、渡部匡隆、坂井 聡、
　　　今本 繁
編著：梅永雄二、井上雅彦
価格：1,500 円＋税

発達障害児者の
問題行動
その理解と対応マニュアル

著：志賀利一
価格：1,100 円＋税

ご購入は ▶ https://www.space96.com